朝日新書
Asahi Shinsho 883

人生は図で考える

後半生の時間を最大化する思考法

平井孝志

朝日新聞出版

はじめに

人生とはなんぞや。

もしもそのように問われたら、「本当の自分に出会うための旅路」だと私は答えます。

本書は、40〜50代になり、「さて、これからどう生きていこうか」と考え始める人のために提供する、21の思考法です。メイン・テーマは後半生であり、思考ツールは図解。そして主役は、あなた自身です。


人は、他人の生を生きることはできません。

生まれてから死ぬまでずっと、自分の心と体と共に過ごしていくしかありません。

人は生まれる場所や時期も選べませんし、計画通りに死を迎える人もほとんどいないでしょう。また、恵まれた環境の人もいれば、不遇だと思える人もいます。そのような意味で、人生とは本来、不公平なものです。ただし、外的な条件だけでその人の人生の価値が決まるかというと、それはまったく違います。

なぜならば、人生に「価値があるか」「幸せかどうか」を決めるのは、他の誰でもなく自分自身だからです。

どんなに理屈をこねようが、万人に共通する人生の目的などありません。一人ひとりがそれぞれ異なる問いで、「生きることの意味」を問われているのです。だからこそ、自分の裁量ではどうにもならない富や名声などを追い求めて欲望のままに生きるのではなく、自分なりに十分に吟味《ぎんみ》しながら生き切ることが大切なのです。

それが本当の自分に出会うすべであり、人生を豊かにしていく道です。

幸せの判断軸は、自ら見つけていくしかありません。

本書で紹介するのは、そのための21の考え方です。

人生１００年時代が到来しているのはあらためて言うまでもありません。

50歳だと残り半分。65歳で定年退職したとしてもまだ数十年残っています。これは、現在の肩書きを失う大人たちが、その先数十年の後半生を、裸の自分で生きていかなければならないことを意味します。たとえ輝くような肩書きを持っていたとしても、それは確実に失われます。いわば、未来は現在の延長線上にはないのです。

しかしながら、なくならないものがあります。

素手でも残る、自分自身の思考です。これまで蓄積した経験も、決してなくなりません。だとすれば、それらを最大限に武器として活用し、「人生とは何か」「幸せとは何か」をじっくり考え行動していくことが、後半生をより良く生きる道になります。とにかく、自分次第なのです。


私はもうすぐ60歳を迎えます。まさに後半生を生き始めたところです。

おそらく読者の方々より10～20年ほど先をいっている感じでしょうか。

ちょうど50歳の頃、戦略コンサルタントから大学教授へと転身しました。年収は大きく下がったものの、新しいチャレンジの場を得ることができました。さらに言えば、その先の肩書きのない世界の道筋さえも、実感できる段階まで来ています。

もちろん、転身の際には大きな葛藤がありました。会社での役割や地位、仕事上の責任、家族の生活、自分の本当にやりたいことなど、さまざまな要素が相矛盾していたからです。しかし決断しなければ前に進めません。このあたりの状況は、本書でも詳しく述べていきます。

実は、昔から「図」で考えたり、説明したりするクセが私にはありました。たとえば、論理展開に役立つピラミッド構造の図、物事をタテ・ヨコの2軸で整理する田の字（マトリックス）の図など。これらの図は、ビジネスシーンでおおいに役立つものでした。コンサルタントとして、アナリストからパートナーへの階段を上っていく際にも、常に新しい視点や視座を自分に与えてくれたのです。

現在の私は、**自分自身のコンサルタント**でもあります。

そこで気づいたのが、「図解思考とも呼べるこの武器は、後半生を考える上でも実際に役立つ」ことでした。なぜなら「図」は、物事を抽象化し、本質に迫る上での「思考の補助線」を提供してくれるからです。

おそらく読者の多くの方もキャリアの中心がビジネスであり、さまざまな図表も使いながら、ビジネス上のコミュニケーションを構築してきたかと思います。いわば、あなたと私が手にしている武器は同一で、共通の土台が存在しているのです。

私がこれまで学んだことや失敗談などを題材にしながら、後半生を「図を使いながら」縦横に思索するのが本書の試みであり、その方法が21の思考法です。これらの思考は、より良く生きるための判断軸、すなわち人生をより明晰に見る〈レンズ〉になるはずです。

もう一度、繰り返します。

人生とは、「本当の自分」に出会うための長い旅路です。

一つとして同じものはありません。

ただ流されるのではなく、「図」を一つの手掛かりにしながら、自分を可視化し、客観的な自分との対話を促し、自分を観察する未来を心から楽しんでください。

それでは、始めていきましょう。

本書と、紙とペン一本を持って、自分自身のコンサルタントになりましょう。お互いに後半生の道のりを豊かなものにしてゆこうではありませんか。

さあ、時間です。

人生は図で考える

後半生の時間を最大化する思考法

目次

はじめに　3

第1章　図解で後半生を捉え直す　17

1　ホロニック思考　部分と全体を同時に併せ持つ　18
要素還元主義では理解できない味わい　18
人生とはホロニックなものである　20

2　バックキャスティング思考　未来から今を捉え直す　25
どのような葬儀を想像しますか?　25

3　オンリー・ワン思考　ナンバー・ワンではなくオンリー・ワン　29
人生を無限競争にしないために　29
自分を知るための二つの戦略　33

4　コミュニティー思考　自分のオリジンを意識する　36
「周り」も含めて自分　36
人生の「相転移」を自覚する　41

5 フェーズ思考 「相転移」に抗わない 45
お金か、それとも自分自身か 45
人生の潮目をどう乗り越えるか 48
6 センスメイキング思考 後半生は〝考動〟を 52
能動的に意味ある世界に変えていく 52
自分で自分を客観的に観察する 56
夢とはゴールでなく過程である 59
死が自然の摂理であるならば 63
第2章 図解で自己実現する 67
7 ストラテジー思考 時間の配分と運用を 68
なぜ、後半生は瞬く間に過ぎるのか 68
希少資源の配分と運用が戦略の基本 74
大失敗から学んだ自分の資産 77
8 パーソナル・アンカー思考 自分の強みこそ人生の針路 82

経営の成功も個性である　82
さまざまな先輩の話を聴く　85
チャンスに備える三つの条件　90

9 ビッグ・ピクチャー思考　自分の将来図であり全体図　94
おでん図にすると答えが見える　94

10 プランニング思考　計画があればただの道が旅に　99
三つの戦略計画を習慣にする　99
計画か、それとも創発か　115

11 エマージェンス思考　偶然を楽しむ力　119
偶然を必然にする方法　119
感知・捕捉・変革を自らに与える　121

12 セルフ・エフィカシー思考　身近な承認で留めていい　124
善く生きる以外に道なし　124
自己効力感はバランスが大事　127

第3章 図解でより良い選択を導く 135

13 モデレイト思考 好い加減の尊さを知る 136
「長短」「正負」の思考の二軸 136
リカバーできないリスクは回避 142

14 トレード・オン思考 トレード・オフからトレード・オンへ 147
二律背反を超えた両立を目指す 147

第4章 図解で苦難を克服する 169

15 ナラティブ思考 正解を超えた物語的なアプローチ 170
人生とは不公平なもの 170
「あきらめ」からの反転 173
正しい説明という暴力性 179
追い詰められた私の「明らめ」 182

16 ヒストリー思考 経路依存性から見出す自分自身 185
過去と未来をつなぐ自分 185

17 サブジェクティブ思考　客観性を内包した主観性を　189
「主観性を取り戻す」とは　189
ライフチャートで人生の「見える化」を　194
すべての答えは自分の中にある　198
幸せになることを「決める」　200
お金のかからない趣味の効能　203
正解のない世界を生き続ける　209

第5章　図解で幸せを考える　215

18 ヒア・アンド・ナウ思考　犬の道、「今、ここ」悟りの世界　216
今感じていることに主体的になる　216
19 ライク・ディスライク思考　自分に嘘をつく必要はない　223
自分らしさを発揮する　223
因果関係の曖昧さを尊重する　226
無駄を求めて成長する　229

20 シンプル・ルール思考　柔軟性から生まれる新たな変化　234
「次につなげたかな？」　234
21 ディシペイティブ思考　散逸系の生命力を取り戻す　238
人の命の本質とは　238
やがて「丸まる」時間を受け入れる　242
本当の自分に出会えたか？　246
おわりに　252

イラスト・図版作成　谷口正孝

第1章

図解で後半生を捉え直す

1 ホロニック思考　部分と全体を同時に併せ持つ

要素還元主義では理解できない味わい

私たちは、人生にどのような態度で向き合えばいいのでしょうか。まずは、身近な「水」を例にして考えてみたいと思います。

私たちは、水が水素と酸素でできていることを知っています。そして水素と酸素が2対1の比率で分子結合していることも知っています。さらには、水素は、一つの陽子と一つの電子でできていることも知っています。

物理に興味がある人は、陽子がアップクオーク2個、ダウンクオーク1個で成り立つことを知っているかもしれません。このように物事を要素に分解し、理解することで、私たちは科学的知識を積み上げてきました。

社会も同様です。企業や政府、世帯などで現代社会は構成されています。さまざまな仕事も、実際にはいくつかのルーティン（日課）の集まりです。このような階層構造に基づいて組織や企業が効率的に運営されているのです。

このように何かを理解する際に、それらを分解して考えるやり方を、「要素還元主義」と呼びます。近代科学発展の基礎概念です。


しかし、いかがでしょう。本当にそれで「水」を理解したと言えるでしょうか。

水を「水素と酸素が結合したもの」だと理解しても、冷たい水の美味しさや清々《すがすが》しさを説明したことにはなりません。そこには水そのものの特性があるからです。水素と酸素に分けてしまっては説明できない水としての特質が、そこに「創発」しているからです。つまり、水は水として味わって初めて、その何たるかをつかむことが可能になる。他人から百の言葉で説明されるより、自分で経験して初めて本当に知ることが叶《かな》うのです。

企業も同じです。社員、経営陣、戦略、知財……、どんなに個別に理解しても、企業全体の風土や文化を理解することにはなりません。その企業に属して、さまざまな経験を通じて総合的にイメージを膨らませないと、本当の意味でその企業を語ることなどできません。

人生にも同じことが言えるのではないでしょうか。

人生とはホロニックなものである

前半生において、人生を構成するさまざまなビルディング・ブロックを私たちはつくってきました。

勉強、就職、結婚、趣味……。それらは、後半生を前に、ほぼできあがっています。ですが、個々の要素それぞれが人生そのものではありません。個々の要素を、これまでと同じようにこれからも突き詰めたとしても、本当の意味で人生を理解することはできません。

後半生は、それら要素から創発してくる自分自身の人生を、とことん「感じ」「味わう」ときです。個別の要素の構築・評価・分析ではなく、それらを統合・収斂《しゅうれん》していく時間です。言うなれば、

前半生＝人生を構成していく時間
後半生＝人生を統合し、味わう時間

だと言っていいでしょう。

私がまだ理系の大学院生時代、まさに要素還元主義の真っ只中で生きていた頃、ハンガリー生まれの思想家、アーサー・ケストラーの『ホロン革命』（田中三彦、吉岡佳子訳／工作舎／1983年／原著1978年刊）という本に出合いました。

ホロンとは、ギリシャ語で「全体」を意味する「HOLOS（ホロス）」に、「部分」を意味する「ON」を付けた、アーサー・ケストラーの造語です。

ホロン。理系の私には魅力的な響きでした。

それは要素還元主義でもなく、またホーリズム（全体は部分の集合以上のものなので、要素に還元するのは不可能という考え方）でもない、新しい考え方でした。つまりホロンとは、純粋な部分でもなく、純粋な全体でもない。両方を併せ持つものを指す、双面性の言葉だったのです。

たとえば、ケストラーは次のように言います。

分解の過程で必ず何か本質的なことが失われる。全体は部分の総和以上であり、全体の属性は部分の属性より複雑である。人間は究極的に90パーセントの水と10パーセントの鉱物に「すぎない」と言ってもあまり有益な話ではない。一方で、生物の領域にも、社会組織にも、絶対的な意味での「全体」は存在しない。

つまり人間、あるいは人生は、このようにホロン的なもの、ホロニックなものなのです。

前半生の要素から創り出される全体的な何か。

同時に、周囲との関わり抜きには語ることのできない全体性。

全体と部分の同時存在――このようなホロニック思考で後半生を捉えると、今後どうすべきかのヒントが見えてきます。

たとえば、こんなヒントです。

もはや、ワークとライフを分けなくてもいい。ワークとライフのシナジー（相乗効果）を見出す努力をすればいい。趣味と実益の接点をじっくり探ればいい。周囲と自分の人生を重ね合わせればいい。それでいて、これまで培《つちか》ってきた自分の要素を大切にしながら精一杯活かしていく——そんな感じです。

前半生の要素還元主義から解放され、これまでの蓄積を土台に人生を味わいながら感じていく後半生。その合わせ技が、一つの生涯を形づくるのだと思います。

後半生は、前半生よりさらに自由で、闊達《かったつ》なものです。

空手における「型」から「組み手」へ。

体操競技における規定演技から自由演技へ。

論理から直感へ。

そして、「耳順（六十にして耳順《したが》う）・従心（七十にして心の欲するところに従えども矩《のり》をこえず）」の域へ。

そのためにはまず、ホロニックな発想を活かしながら、後半生を眺めてみることです。

では、ここで図解タイム。

たとえば、次のような図を見せられたら、「?」のスペースに、あなたは何を書き入れますか。それが、あなたが大切にしていることであり、後半生の起点になるはずです。

1-1　人生統合の中心に何を据えるか?

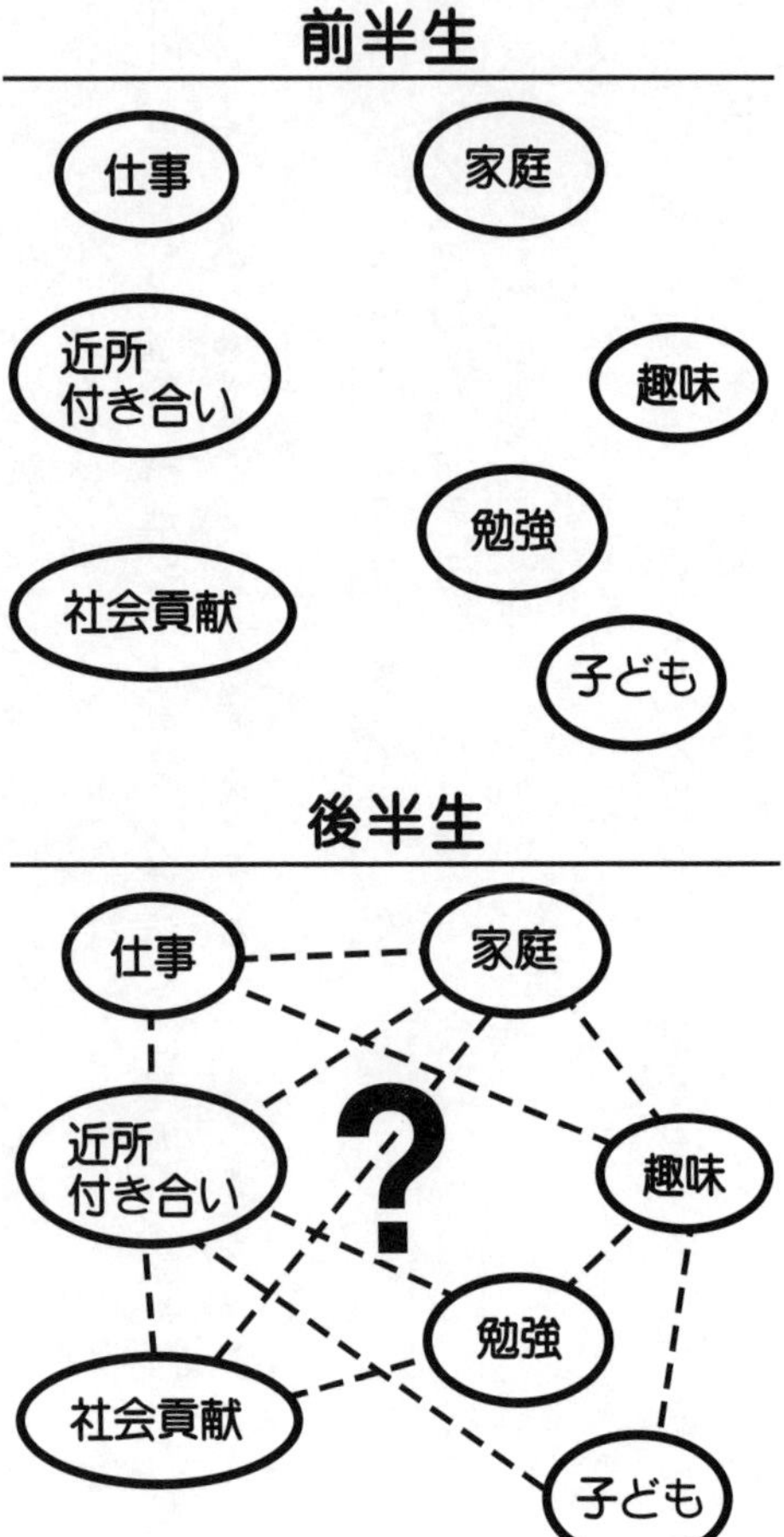

2　バックキャスティング思考　未来から今を捉え直す

どのような葬儀を想像しますか?

著者も書名も正確に覚えていないのですが、「あるとても親しい知人の葬式に参列している場面を想像してください」という質問で始まる本がありました。

それはとても良い葬儀でした。

どんな人が参列していますか。どんな別れの言葉が投げかけられていますか。

そんなことを自分なりに想像してほしい、と問いかけは続いていました。そして、葬儀に参列しているあなたがふと目を上げると、遺影に掲げられていた写真は自分自身だったというのです……。

ちょっと、ドキッとしませんか?　私はひやりとしました。

そのとき私はどのような葬式を「良い葬儀」だとイメージしたか。

大勢の参列者。大きな供花。列を整理する人や受付の人々。そんな生前の業績を誇示するような葬式でしょうか。それとも、子どもや孫、伴侶、あるいはご近所さんといった身近な人に、心から「ありがとう」と言われるような別れの儀式でしょうか。若かった当時の私は限りなく前者に近かったような気がします。

もちろん正解はありません。人それぞれの答えがあるでしょう。それで良いのです。ただどうも一般的な傾向としては、若い人は前者、歳を重ねた人は後者を望ましいと考えるようです。

この質問は何を問いかけているのでしょう。

もちろん、人生の価値や意義ではありません。人生とは振り返って評価されるようなものではなく、最期の瞬間に至るまでの道のりです。葬儀は、それを最後に形にしただけのものです。

そうではなく、この思考エクササイズには大きな意味があります。

後半生に対峙《たいじ》したとき直面する問い——たとえばこれから人生を統合して深めていく際、

1-2　「終点」目線による意識変革

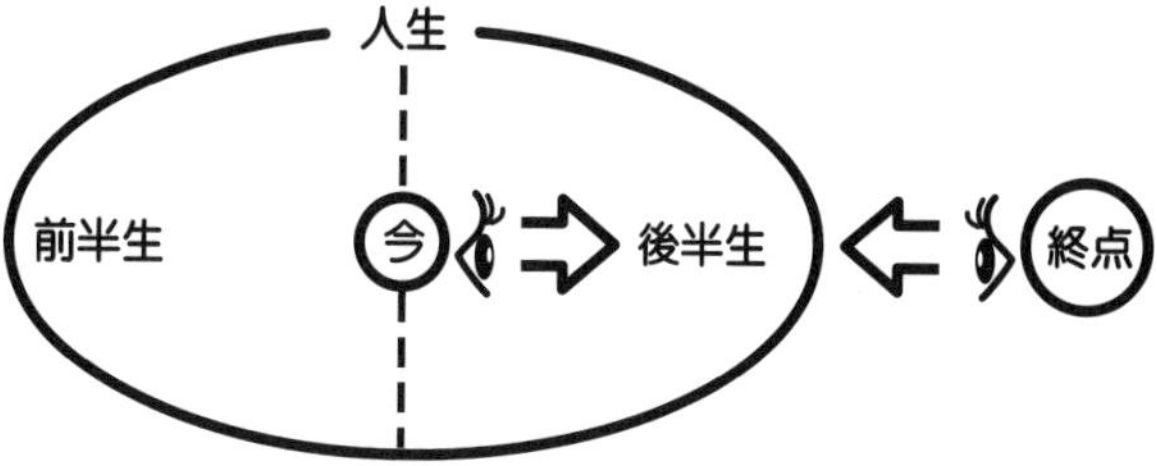

自分はいったい何をしたいのだろうか。何を拠《よ》りどころに行動すべきなのだろうか。何を大切にすべきなのだろうか。何に時間を割《さ》くべきなのだろうか——そんな質問に、立ち止まってじっくり考える機会を与えてくれるのです。

前半生で私たちは、前へ前へと、常に進んできました。

未来をフォアキャスト（予見）し、未来を創る努力をし、がむしゃらに頑張ってきました。ヘタをすると、その慣性によって大事なものを見失っていたかもしれません。

そんな私たちには、もう一つの異なる視点が必要です。

それが、**バックキャスティング**（未来からの投影）です。前ページの図1－2をご覧ください。この葬儀の思考エクササイズは、今の延長線上で物事を見てしまうクセを改めさせてくれ、未来から後半生を捉え直すための非常に良い思考実験なのです。

3 オンリー・ワン思考 ナンバー・ワンではなくオンリー・ワン

人生を無限競争にしないために

24ページの図1－1の「？」に、あなたはどのようなことを書き入れたでしょうか。

もちろん人それぞれです。SMAPの大ヒット曲「世界に一つだけの花」（2003年）の最後は、こんなふうに締めくくられていましたよね。

〈No.1にならなくてもいい、もともと特別なOnly one〉

本当に「**オンリー・ワン**（Only one）」でいい。しみじみとそう思います。

では、別の角度からもう一つの思考実験をしてみましょう。


もしほとんどの人が、仕事や勉強といった同じ土俵でナンバー・ワンを目指して競争し、多くの人がそれなりに成果を出して、大勢の人が参列する盛大な葬式でその功績を讃えられる状況になったらどうなるでしょうか。

そうです。矛盾が生じてしまいます。

他の人より優秀になって、周りに認めてもらいたくてナンバー・ワンを目指したのに、ドングリの背比べになってしまうと、他の人とさほど差がなくなってしまいます。結局、多くの人が葬儀に来てくれるわけでもなく、賞賛されることもなくなります。そうなると、それを避けるためにさらなる競争が始まってしまいます。無限ループです（図1－3）。

結局皆が、偉くなりたい、有名になりたい、お金持ちになりたい、社会的に大きなインパクトを与えたい、といった同じような尺度で同質的な競争をする限り、この構造は変わりません。

はたして人生はそんな無限競争のためのものでしょうか。もちろん、そうではありません。

とはいえ、オンリー・ワンでも同じことではないか？　という声も聞こえてきそうです。オンリー・ワンになることで、世の中に認められれば、おそらく立派な葬式が行われ、功

1-3　避けるべき無限競争ループ

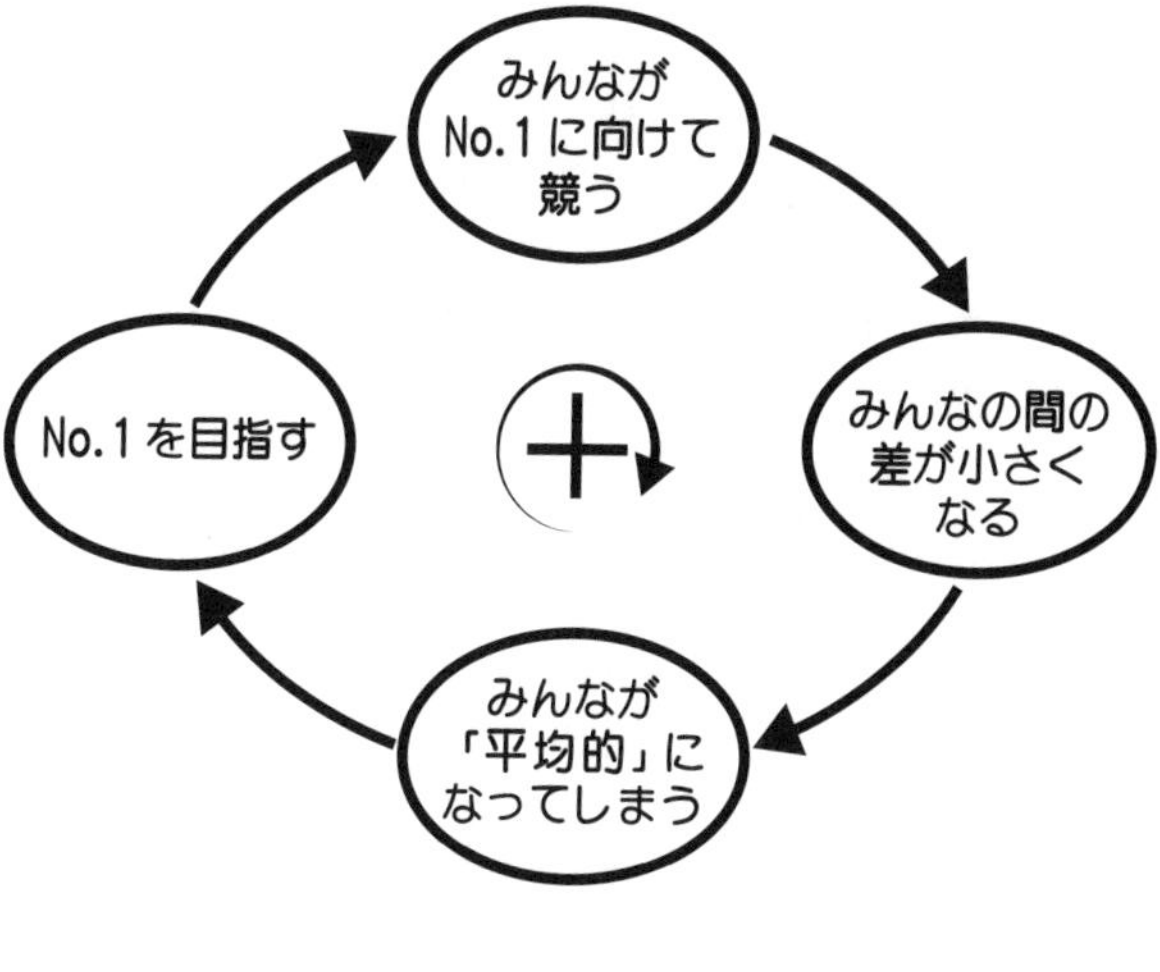

績が讃えられる。皆がナンバー・ワンを目指すのと同じことにならないか、と。一見、その通りかもしれません。でも、そこには本質的な違いがあります。

それは、何を原因と捉え、何を結果と捉えるかの違いです。

ナンバー・ワンになることを原因（もしくは動機）にして、他人より優れることを目指すのか。

それともオンリー・ワンを目指して他人を気にせずに頑張った結果、ナンバー・ワンに至るのか。

両者の間には、その過程に雲泥《うんでい》の差があります。いわばそれが生きる道のりであり、人生そのものです。その充実度の違いがその人の個性であり、キャラクターになるのです。競争に追われる人生ではなく、人生を追求した結果、見た目、競争に勝ったように見えてしまう人生、そうありたいものです。結果ではなく、大切なのはそのプロセスです。

要するに、自分自身の「判断軸」が必要なのです。

オンリー・ワンを目指すとは、他人と共通の尺度や外部の評価に拠るのではなく、独自の基準と判断軸で物事を決めるということです。

ナンバー・ワンは一つですが、オンリー・ワンは無限に存在します。

その軸は人それぞれでいい。

自分なりの軸を持つことで、無意味な無限競争から解放され、人生を充実させることそのものにようやく目を向けることができます。そうなればしめたもの。自ずからあなただけの道が、目の前に開けてきます。

自分を知るための二つの戦略

このように、人生とはオンリー・ワンのユニークさを求め、「本当の自分」に出会うための旅路です。

以前読んだ般若心経の本に、こんなことが書いてありました。

「本当の自分に出会うということは、利己的な偽りの自分を脱ぎ捨て、物事に縛られず万物に生かされていることを理解し、周りに振り回されない自由で柔軟な心と体、つまり、『自在』を得ることだ」

このような深淵な命題を理解するのはかなり難しそうですが、ビジネスに携わってきた私たちには、二つの糸口があります。

経営戦略論で出てくる「ポジショニング論」と「資源ベース論」です。

ポジショニング論は、企業が利益を上げるためには、「どのような業界で闘うのか」が大事だと主張します。マイケル・ポーター（1947〜）というアメリカの経営学者の研究が有名です。

一方、資源ベース論は、企業が利益を上げるためには「どのような資源・能力を有するのか」が重要だと主張します。ジェイ・B・バーニー（1954〜）という米経営学者の説が有名です。

二つを合わせて言い換えると、「何処で闘うか」「何を武器に戦うか」が、競争優位を生み出す出発点になると言えます。これは、自分自身の人生を考える上でも役立ちます。

「自分は今、何処にいて」、「どんな特徴を持っているか」の双方を理解するのが肝要だということです。

この二つが不可分であることも忘れてはいけません。

まず、何処にいるかが明確でなければ、どんな特徴を大事にすべきかわかりません。たとえば、原始時代にいるのと現代にいるのでは、求められる大事な要素はまったく異なります。逆に、どんな特徴を持っているかがハッキリしなければ、自分の今いるところが良いかどうかの判断もつきません。

つまり、自分自身を捉えるためには、自分のことだけではなく、「周り」との関係性を考えなければならないということです。

「周り」とは、世の中全体ということでしょうか？

いいえ、違います。人生の前半ならそれでもいいかもしれませんが、後半生においては、自分自身を映す鏡としては輪郭が定まらない気がします。あまりに漠としていて、結局、捉えどころがないからです。

では、「周り」とは実際どのようなものでしょうか。

4

コミュニティー思考　自分のオリジンを意識する

「周り」も含めて自分

ヒントとして、アメリカの哲学者マイケル・サンデル（1953〜）が説いている次のような考え方があります。私なりにまとめてみましたので、まずは読んでみてください。

A国からB国に帰化した人がいました。不幸なことにそのA国とB国が戦争になって、その人はB国の兵士として戦争に参加せざるを得なくなりました。そして、A国へ爆撃に向かうことになるのです。なんとその標的は、自分が生まれ育った街でした。自分が今所属するB国のためにと、戸惑いなく爆撃する人はおそらくいないでしょう。その街は自分の「オリジン」であり、自分の物語の一部。いわば自分自身を形づくってきた人生と不可分な要素だからです。

「周り」も含めて自分。なんとなく実感を持てる気がしませんか。

自分自身と身近なコミュニティーは、切っても切れない関係にある。身近なコミュニティーの中で自分のストーリーは創られ、そのコミュニティーとの関わりによって、自分とは何かがハッキリしてくる。さらに言えば、身近なコミュニティーとの関係性こそが自分自身を形づくる要素なのです。図にすると、次のページの図1－4のようになります。先述の、「ポジショニング論」と「資源ベース論」の不可分性に似ています。

たとえば、よくある話ですが、

・日本を離れて初めて、日本人であることを意識した。
・東京に出てきて初めて、故郷のありがたさが身に染みた。
・単身赴任して初めて、家族との関係に気づいた。
・別れて初めて、彼（女）の大切さに気づいた。

1-4　「周り」との関係性こそが自分自身

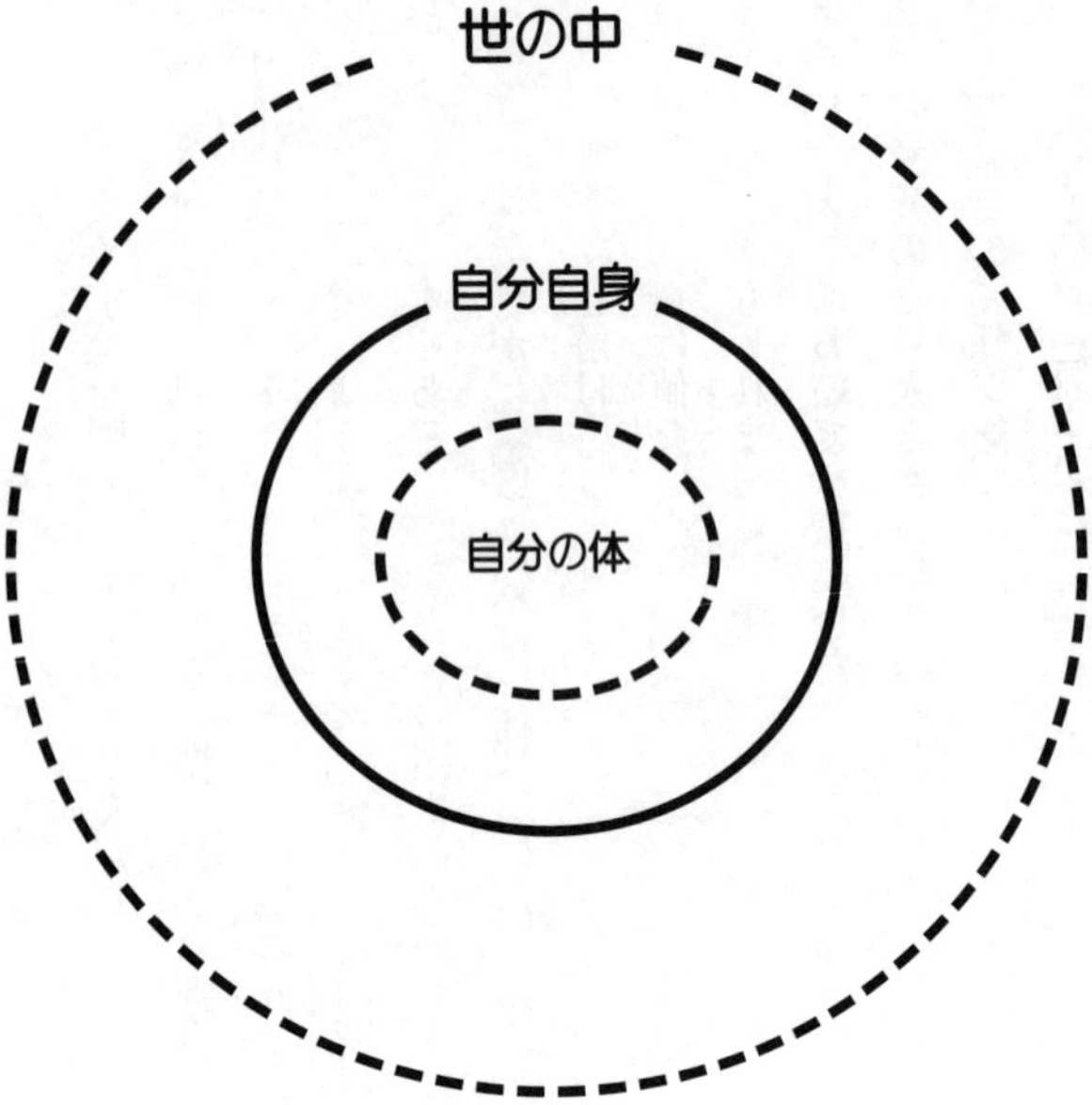

渦中にいると、「周り」にはなかなか意識が向かないものです。

だからこそ「自分の**コミュニティー**とは何か」について、もっと積極的に考えるべきです。

「周り」の定義は人によって異なるでしょう。新しい仕事の仲間かもしれませんし、かつての同僚やゴルフ仲間かもしれません。あるいはご近所さんということもあるでしょう。私の場合はぐっと限定的になるのですが、「家族」です。それが私のオリジンです。

オリジンとは何か。そこに唯一の正解はありません。決して、生誕地や出身地とは限りません。人それぞれです。ですが、掛け値なしの裸の自分をさらけ出せるかどうかが、オリジンを見極めるポイントになるかもしれません。新たなチャレンジやキャリアも、新しい趣味も、時間の使い方も、後半生においては大それたことでなくていいのです。世界を相手にする必要はありません。必ずしも大きくない親密なフィールドで、じっくりと関わり合えるのが、あなたの周りでありオリジンです。その中で自分なりの物語を深めていけばいい。いたずらに拡大しようとすると、ナンバー・ワンのトラップ（罠）に逆戻りして

1-5　後半生は狭く＆深くが良い

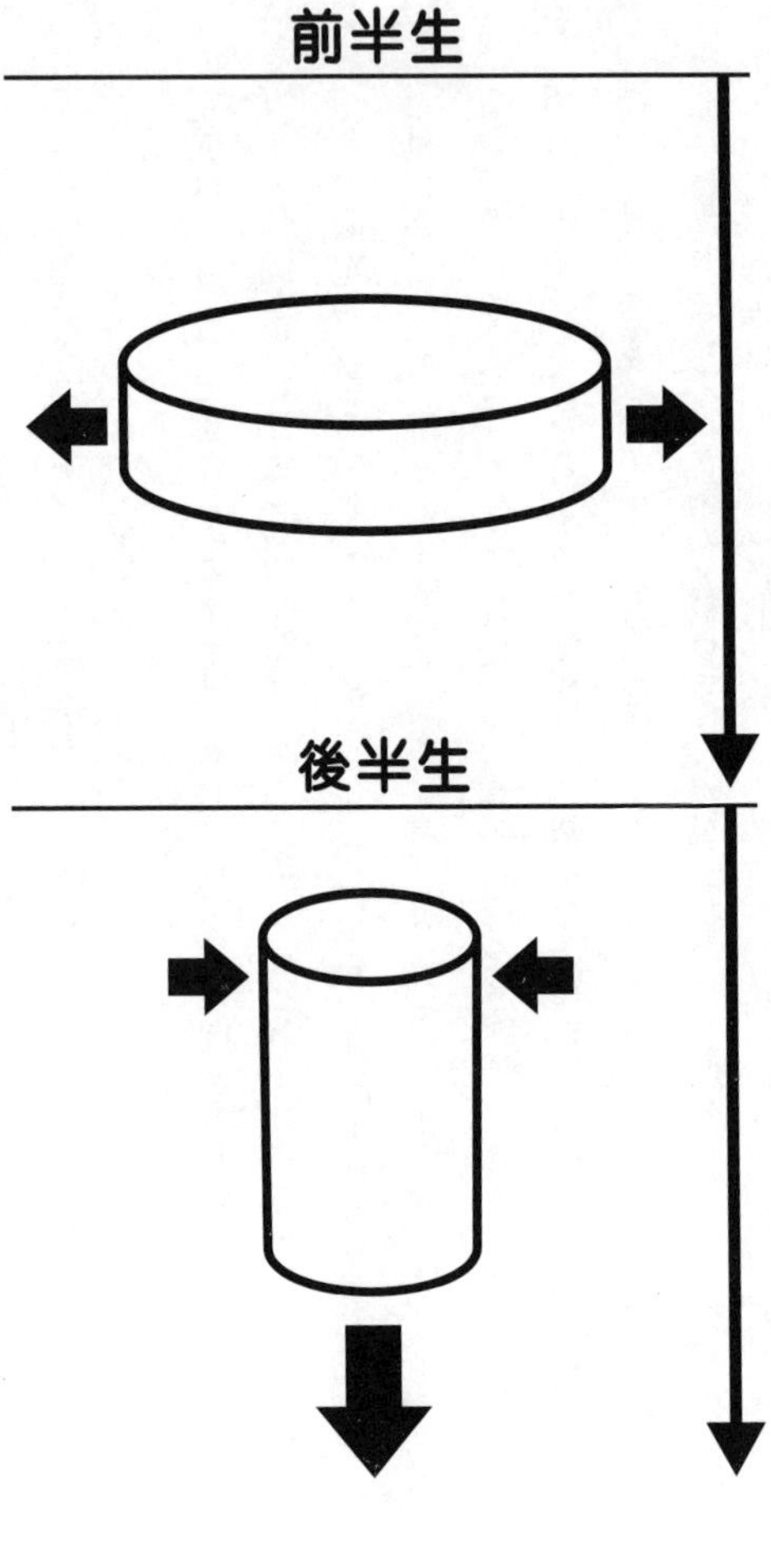

しまう――これが私の考え方です。

人生の「相転移」を自覚する

さて、右ページの図（1－5）を理解していただけたでしょうか。

もう一度ご覧ください。前半生と後半生では明らかに「相」が異なることがわかります。人生には、避けて通れない「相転移《そうてんい》」が存在するというわけです。

「相転移」。英語にすると「フェーズ・トランジッション」。

難しく聞こえるかもしれませんが、それほど複雑ではありません。たとえば、氷が水になる。水が水蒸気になるのも相転移です。固体という相から液体という相へ。もしくは、液体という相から気体という相へ。これらの現象は、立派な相転移です。

$H^{2}O$という分子そのものはなんら変わっていないのですが、明らかに異なる特徴を持つ別のものに変わってしまう。それが、相転移です。

では、人生の相転移とは何か。偉人伝や歴史書に興味がある人ならば、いくつも例を挙げられるはずです。しかし残念ながら、人は自分の匂いに気づけないのと同様に、自分の相転移にはなかなか気づくことができません。だからこそ、それを自覚するために、自分で自分を相転移させるのです。

とても強力なツールがあります。誰でも持っている武器、すなわち夢です。

子どもの頃の夢は何でしたか？

私の夢は、物理学者になることでした。

テレビアニメの影響でしたが、ワープする宇宙船や、「どこでもドア」を心底創りたかったのです。それらができると、「移動」の概念がなくなります。文明の範囲は無限に広がります。そうなれば都市への一極集中もなくなり、領土や国境の持つ意味も変わってくる。さらには、文化や価値観も変化するに違いない。そんな世の中を根本から変える発見を自分でしてみたい。そのように切望し、物理学を究めたいと思っていました。

しかし、理系大学院修了後に経営コンサルティング業界に飛び込みました。

１８０度違うキャリアの選択です。こんな選択はまだ珍しく、当時の研究科長の教授は

「平井のあの就職、辞めさせろ」と周囲に言っていたらしいのですが、少なくとも当面の間、ワープや「どこでもドア」が不可能だと悟った私には聞く耳などありませんでした。世の中を変えるための次なるフィールドとして、「経済」に目を向けたわけです。

私にとっては一大決心。理系から文系への相転移です。そう、私は前半生においても大きな相転移を経験していたのです。それにしても、無自覚な相転移を経験するのは長い人生においてとても意味のあることだと思います。その後のさまざまな変化や逆境に対して、〝耐性〟が身に付きますから……。

さて。とりあえず文転してしまったのですから、ビジネスでおおいに活躍し、成果を出して、世の中からも認められる人間になろう！　それが次の夢になりました。

「家族を養うためにも、頑張らなければ……」

そんな思いが原動力となり、活動範囲を次第に拡大していく日々でした。MBA留学、転職、博士号の取得など、文字通りさまざまな努力をし、経営コンサルティング会社のシニアパートナーの肩書きを得られました。

しかしながら、あるときハタと気づいたのです。

家族のために働くことで、家族と過ごす時間がますます減っている。家族を養うための手段である出世やお金の追求がいつしか目的になってしまい、本来大事にすべき家族との交流を犠牲にしてしまっていた、と。まったくよくある話です。ですが、自分自身がまさにその話の主人公になっていました。

そこで決断したのです。もう一度、夢を見ようと。

50歳を境に、前半生から後半生への本格的な「相転移」をする。ある日を境にそう決めました。のちほど詳述しますが、経営コンサルタントから大学教授への転身です。

5 フェーズ思考「相転移」に抗わない

お金か、それとも自分自身か

振り返れば、40代後半の日々は、自問自答の毎日でした。

「これからもずっと、お金のために生きていくのか……?」

戦略コンサルティング会社のシニアパートナーはそれなりに年収も高く、業務は忙しくチャレンジングで面白い時期でした。あと10年も続ければ、それなりにリッチになれるし、やりがいもあるだろう。ただ、私はもともと、ワープする宇宙船や「どこでもドア」を創りたかった人間です。好奇心が強く、何か新しいことを考えたり、理解したりするのが楽しい性分。そして、自分が習得した知識を人に伝えるのも大好きです。

もっと自由に好きなことを学び、研究し、人に教えることを求めるべきではないだろうか……。

「自分は、お金に縛られているのではないだろうか」

「自分は、お金のために生きているのではないだろうか」

「自分は、自分と家族のために生きるべきではないだろうか」

「今の日本、そう簡単に餓死することもないだろう……」

さんざん悩んだあげく、年収が数分の一になる選択でしたが、最後は家族の同意も得られ、未知なる海に飛び込めました。そして今、筑波大学で次世代の若者に向けて、経営戦略論を教えています。次ページの図（1-6）のような、思考の90度回転というわけです。

正直なところ、「もう少しお金があればなぁ～」と思うことがときどきあります。ですがひとまず、金銭への執着という煩悩《ぼんのう》から無理やり自分を解き放ち、別の何かへと相転移させることには成功しました。秘訣は、「金持ちでも誰よりも不幸な人はいる。貧乏でも誰よりも幸せな人はいる」という客観的事実を思い出すことです。今でもつぶやくオリジナルの呪文です。

1-6　夢で自分軸を90度回転させる

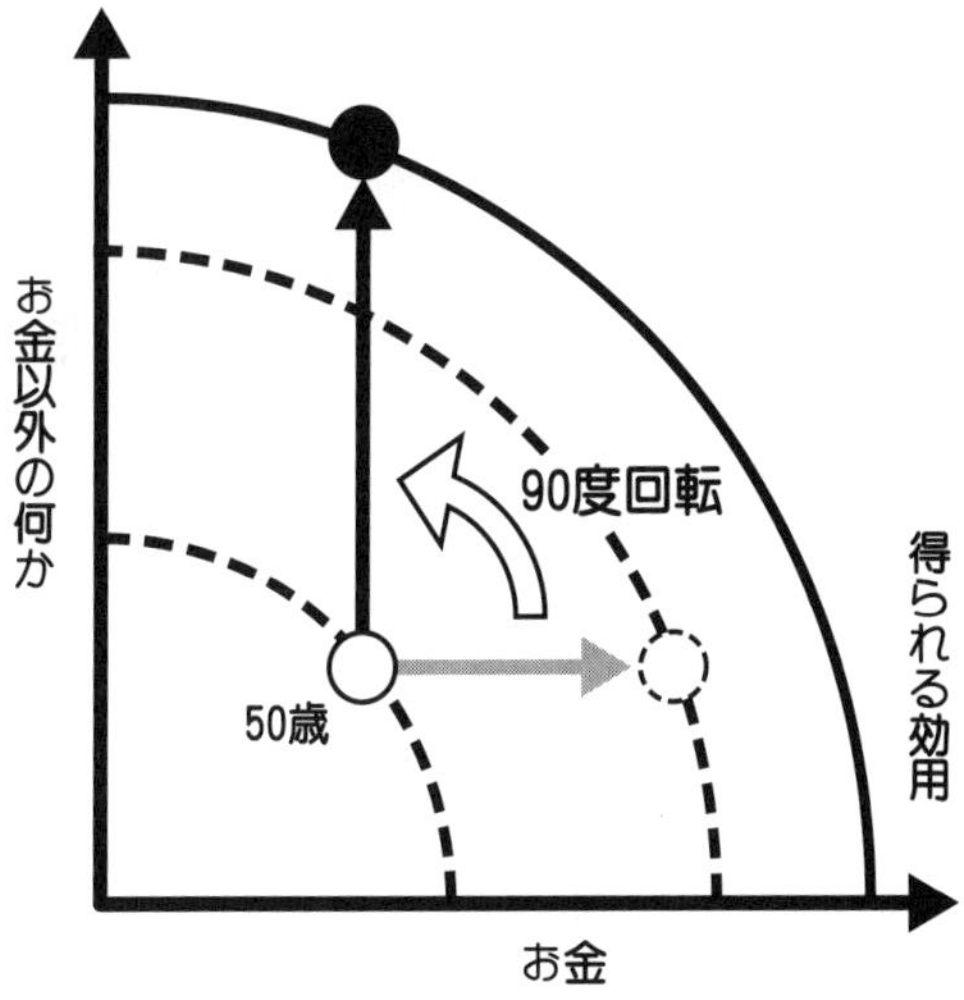

人生の潮目をどう乗り越えるか

自問自答の課題はむろん、お金だけではありません。知力・体力の不足も大きなイシュー（論点）でした。

50歳前後から、目、腰、肩、胃、記憶力……、さまざまな衰えが現実のものになってきました。昔とは明らかに違う。視力は落ち、腹は膨らみ、膝は痛む。上り坂と下り坂、成長と衰退、離陸と着陸、人生の前半と後半、何と呼んでもいいのですが、明らかに**「相（フェーズ）」**が異なるのです。

図に描くと図1－7のようになります。違いは一目瞭然。左右で反転しています。

人間、生まれて死んでいく以上、どこかで潮目が変わります。「相転移」は避けて通れません。延長線にも限りがある。どこかでぶつからなければ、線はどんどん右上に向かって伸びていき、無限大に発散してしまいます。有限の宇宙や有限の人生の中に、〝無限大〟は決して存在しないのです（ちなみに、量子力学の中に現れるやっかいな無限大の問題を、

1-7 「相転移」：必ず訪れる人生の潮目の変化

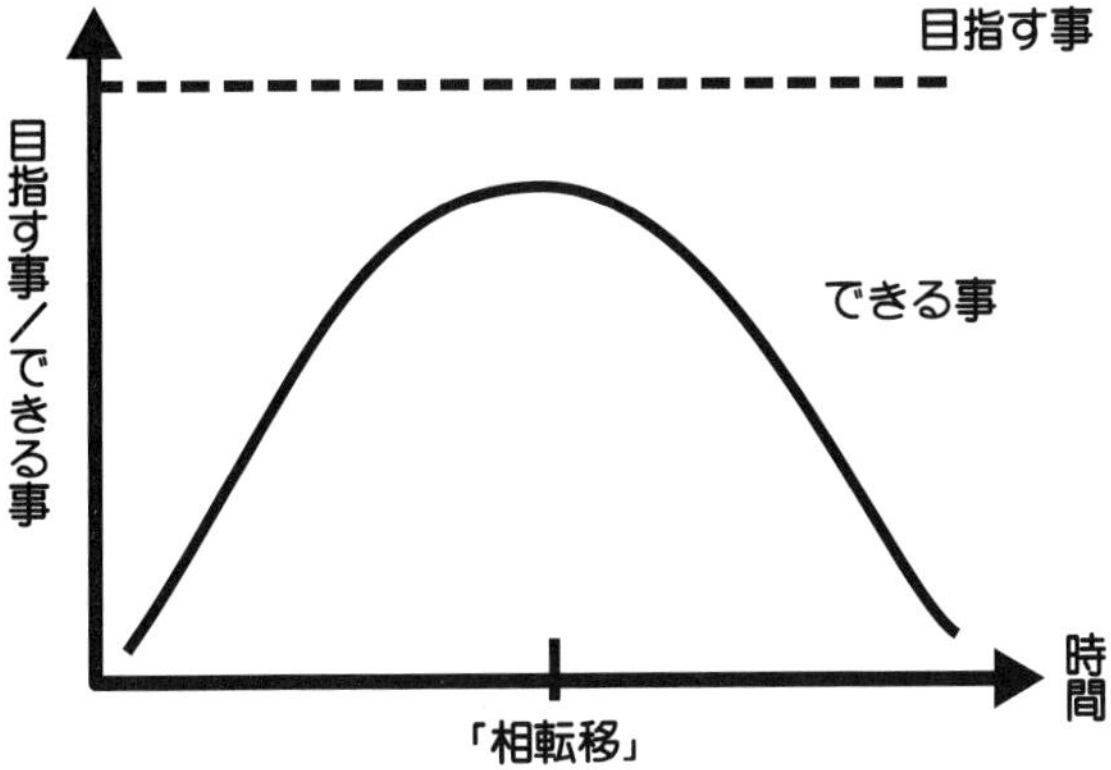

「くりこみ理論」で解決してノーベル賞を受賞したのが物理学者の朝永振一郎〈1906〜1979〉です)。

だからこそ、潮目の乗り越え方が大事になります。

潮目の変化をどう捉え、どう乗り越えるかが後半生を左右すると言っても過言ではありません。前半と後半では、相が根幹から変わるようなものだからです。100歳近くまで人為的に引き延ばされた現代の寿命においては、ちょうど50歳あたりで潮目は訪れるのではないでしょうか。

最も大切なのは、フェーズの違いを素直に認識し、潮目に身をゆだね、まるごと受け入れる発想を持つこと。抗《あらが》っても仕方ありません。

前ページの図(1-7)を見てください。「相転移」の左側は、ちょうどジェットコースターの動き始めのようです。見えているのは、無限に広がる大空、雲。ピークを過ぎた「相転移」の右側で見えてくるのは地面です。ゾッとしましたか? だいじょうぶ。慌てる必要はまったくありません。決して「寂しいこと」ではありません。なぜなら、大地に降りるからこそ味わいそして感じられる豊かな恵みがあるからです。
では、「相転移」について、さらに考えを深めていきましょう。

6 センスメイキング思考 後半生は〝考動〟を

能動的に意味ある世界に変えていく

人生の前半、私たちは空を、そして雲を、目指してきました。

確かにそうでした。挑戦、離陸、上り坂、成長。生活基盤の拡大、責任範囲の拡大、自己実現の拡大。そのように自分を自分で駆り立てるように生きてきました。しかしながらその都度、〝不要不急〟なものは犠牲にしてきてしまいました。

「空」を目指すために、いろんなものが後回しになってしまった。

たとえば、じっくり経済学を勉強してみたかった。世界遺産巡りをしたかった。ピアノを弾けるようになりたかった。あるいは、もっと優しい人間になる努力をすべきだった。徳を積みたかった。

こういったことは目先の忙しさの中で、手軽なもの、即効性があるもの、効率向上に役立つものなど、実利があるものに取って代わられてきました。もしかすると、その後回しにしてきたものこそが、人生の中で自分が真に求めていたものかもしれないのに。ああ、またしてもよくある話です。ですが誰にでも覚えのある話……と、ここで納得してしまってはいけません。ここから先へ進むためのセルフコンサルティングが、本書のミッションです。

私たちは、効率よく物事をこなすために生きているわけではありません。前半生では役に立ったことでしょう。ですが、それだけでは不十分。相転移後の後半生の時間では、自分にとって本当に大切なこと、好きなことを取り戻していくべきです。いわば、それができることこそが、後半生の意義そのものです。

もちろん、強力な思考ツールを紹介しますよ。

センスメイキングという視点です。

センスメイキングとは、アメリカの組織心理学者カール・ワイク（1936〜）によって提唱された考え方です。ひと言で言えば、人間が今起きていることや経験について、能動的に意味付けをする思考プロセスです。「能動的に」。ここがポイントです。

後半生を輝かせるためには、自分たちの人生の意味付けをしっかり能動的に行っていく。大それたものである必要はありません。自然に腹落ちするようなあなたなりのことでいい。それが私の考えです。

「習字を極めたな。作品をたくさん出展できたな。近所の子どもにも習字を教えられたな」

「夫婦で日々の生活を楽しみ、旅行の思い出もできたわ。パートナーと共に生きているわ」

「自分の大好きな領域の本を、少なからず世の中に送り出せたな」

人生のエンディングに向かって、何でもOKです。重要なのは、「能動的である」こと。すなわち「イナクトメント」という概念です。少々小難しい言葉ですので、説明します。

イナクトメント。日本語に訳すと「行為」になります。英語で書くと「Enactment」。ほとんどなじみのない単語かもしれません。前述のワイクの著作を読んでいると、何度も何度も登場します。かなり抽象的で、難解で、私もちゃんと理解していると胸を張れるわけではないのですが、次のように説明できます。

【イナクトメント】

客体（周り）と主体（自分）の相互作用によって生じる意味形成の舞台。
環境を意味ある世界に変えていく、環境有意味化的なこと。

ざっくり言うと、

「行動して何かに働きかけることで初めて、おぼろげに形や意味が見えてくるプロセス」

といった感じです。つまり、人生の意味を創出していくためには、行動（あるいは行為）が必要であり、経験からの学びも重要であり、意味を与えていく能動性も重要になる。そのプロセスから生まれる意味は、多義的なものであり、相対的なものになる――このように解釈できます。まわりくどい言い方になりましたが（これは私のせいというよりワイク自身のせいです……）、要は、能動的に行動して、能動的に意味を考えよう、ということ。「考動」と表現してもいいかもしれません。

自分で自分を客観的に観察する

「中年の危機」という言葉をよく聞きます。英語では「ミッドライフ・クライシス（Midlife crisis）」。中年期特有の鬱《うつ》っぽい心理不安のことです。

実は、この感覚こそが、「相転移」へのシグナルです。中年の危機は、避けようのない肉体的な死を意識し始めたときに起こります。それまで自分を支えてきた考え方や、こうあらねばならないという自分の「枠」を壊して、新しく創り直すことへの恐怖から生まれます。

しかし、中年の危機は、時間の流れに抗って古い自分にしがみつこうとすると八方塞がりになり、うまく乗り越えることができません。ヘタをすると、精神的に行き詰まってしまい、そこから逃れるために肉体的な死（自死）の選択すら生じさせる場合があります。

これまで成功してきた人ほど、それまで一所懸命だった人ほど、その抵抗感は大きいかもしれません。「こうでなければならない」「こうしなければならない」という思いが強く、過去の自分に縛られ、その移行に困難が伴うからです。

そんなときに有効なのが、前節のセンスメイキングです。

「何かが違う」。そう感じたのなら、まずは素直にその感覚に従う。

次にゆっくりと、「どうしたいのか」を探ります。ありていに言えば、「どうすれば幸せになれるのか？」について、自分で自分の考えを客観的に観察するのです。

大事なことは、正直になることと、「主体が自分となる感覚」に集中することの二つです。つまり、「他人に評価されたい」「多くの人に認められたい」といった他者の感覚は一切手放してしまうこと。だって、他者は他者。どうにもならないことですからね。

「もっと、溌剌《はつらつ》と日々を過ごしたい」

「家族ともめずに毎日笑顔で過ごしたい」

「重くなった体を軽くしたい」

「優しく、強い人間でありたい」

案外、シンプルなものです。自分が幸せに感じることというのは、決して大それたことではない、というのに気づかされるものです。

「こうでなければならない」「こうしなければいけない」という、頭の中のもう一人の自分の声から解放され、「何を感じて生きていきたいのか」「何を大事にしたいのか」と素直に真摯《しんし》に向き合うこと。自分を取り戻すこと。そうすれば、自分にしかなしえない後半生の日々が、ゆっくりと始まります。

私の場合、後半生への相転移に当たって、幸運にも考動することができました。これから先は、この方向性を土台にしながら、大学を定年退職しても、近所の子どもに数学や理科、あるいは論理的思考を教えたりすることを考えています。

大好きなゴルフには行くし、温泉旅行にも行きます。地域の名産物に興味をそそられる妻と私は、旅行に行った際は「道の駅」にできるだけ立ち寄り、行ったことのある道の駅を日本地図にメモして、記録することを始めました（全国の道の駅が記載された一枚ものの日本地図がおススメです。書店にありますよ！　笑）。

おそらく二人がこの世を去るとき、この足跡を記した地図は他の人にとって何の意味もないでしょう。しかしながら、私たち夫婦にとってはかなりの意味があります。効果や効率に囚われない大学転身後の生き方の図絵として、今この瞬間もさりげなく私を支えてくれています。それでいいのです。自分や自分の大事な人にとって意味があればいい。それで十分です。後半生のものさしは、身の丈でいい。それが私の考えです。

夢とはゴールでなく過程である

40代の頃、人生の先輩に相談したことがありました。

私「年齢、お金、子育て……、さまざまなしがらみの中で将来の選択肢も狭まり、これからの人生、何を夢にすればいいのかわからなくなってしまいました。ボクはどうすればいいのでしょう？」

先輩「え？　いろんな経験をしてきた今だからこそ、どんな夢でも持てるし、何でもできるんじゃないかな」

私「……（絶句）」

先輩は年上でありながら、私よりずっと柔らかな思考の持ち主でした。

今となっては、先輩の言葉に心からうなずけます。というより、こんな質問はもうしません（笑）。

最近、ＭＢＡの社会人学生から訊《き》かれて答えに窮する質問があります。

「平井先生のこれからの夢、人生の目標は何ですか？」

なぜ窮するのかと言えば、若い頃のように「パートナーになりたい」「お金持ちになりたい」「世の中にメッセージ発信したい」などと、無邪気に答えられないからです。

しかも、そもそも違和感があります。

夢について、「何を目指すか」という視点から定義することへの違和感です。いわば前述の先輩は、そのことを私に教えてくれていたのでした。

人生の強力な武器である「夢」について、さらに再考したいと思います。人生において「どんな夢でも持てる、何でもできる」という彼の言葉は、「目指す事」のような「Ｗｈａｔ／Ｏｂｊｅｃｔ（対象物）」として夢を捉えるものではない、という感覚から生まれているのでしょう。そうではなく、「Ｗｈｙ」とか「Ｈｏｗ」、つまり「なぜ、どのように生きるのか」という「過程」であり「状態」こそが、夢の定義軸だという考え方です。

そういった観点では、図１－７（49ページ）の相転移した後の右側には、実は意味がないと言えます。本来、同じ平面内で語れない類《たぐい》のものだからです。そこには非連続な違いがあります。

では、ここで図解タイム。

限られた時間・体力・知力を認識し、「Ｗｈａｔ」から、「Ｗｈｙ／Ｈｏｗ」に移行するために「田の字（マトリックス）」を使って考えてみましょう。この移行は、軸と方向性の転換でもあります。つまり、次ページの図（１-８）の左上から、右下への移行です。あなたのこれまで「目指した事／している事（Ｗｈａｔ）」を左上のマス目に、これから後半生で「目指す事（Ｗｈｙ／Ｈｏｗ）」を右下のマス目に書き出し、それを眺めるところから始めてください。

イナクトメントも大事ですから、すぐには答えが出ないとは思いますが、ここから始めなければ、思考は先に進みません。

キーワードは、「統合」です。

新しい何かの追加ではなく、今あるものの統合へ。分散ではなく集中へ。大切なことなので何度も繰り返しますが、「広げる」ことから「深める」ことへのギア・チェンジが、

1-8　夢を再発見するための「田の字」

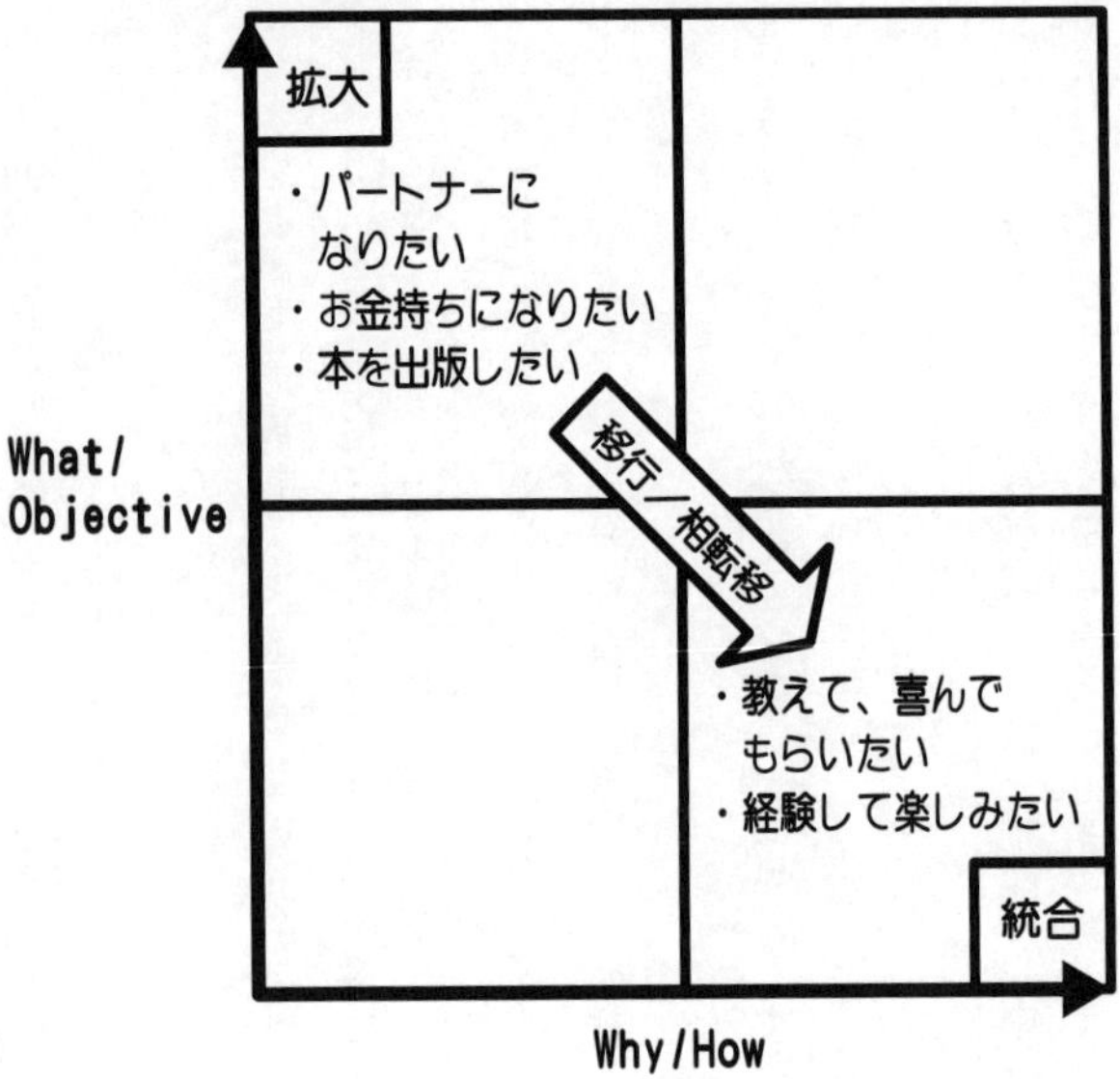

後半生への相転移に求められています。それを遂行できる人生の時機をようやく無事に迎えることができたのです。そんな私たちは、幸せ者です。

死が自然の摂理であるならば

人は最後に、どうしたって死を迎えることになります。誰も、その死を避けて通ることはできません。

無になることの恐怖。そこに至る過程の痛さ。残していく身近な人への気がかり。私も未経験なので、「死とは何か」を本当に理解することはできません。でも、やっぱり怖いし、痛いのは嫌だし、不安で、寂しさを感じます。どうしても、死を想うのです。

ただし、これだけはわかります。終わるのが悲しいからといって、それまでの過程に意味がないということは決してありません。「どうせ、死んでしまうから生まれてこなければよかった」ということもないでしょう。

生まれれば死ぬし、出会えば別れがある。それが自然の摂理です。受け入れざるを得ません。

近年、アメリカの哲学者シェリー・ケーガン（1956〜）の人気講義を書籍化した『「死」とは何か――イェール大学で23年連続の人気講義』（柴田裕之訳／文響社／2018年／原著2012年刊）が大きな話題を呼びました。さまざまな哲学的観点に満ちた本でしたが、読後に私が受け取ったのは、「死を理解しようとしてもしょうがない」。そのようなメッセージです。

生きている間は、死は存在せず、存在しないものを考えても仕方がありません。そして、死んでしまった後には、死とは何だったかを評価する自分はもう存在しないので、死を考えるということすら、もはや意味がなくなります。

評価する「生」と、評価される「生」の有無で、「田の字」を描くと次のような図になります。

図1‐9を見ると、意味のあるセグメント（断片）は、「有・有」のただ一つです。つ

1-9 「生きている間」にのみ意味が生じる

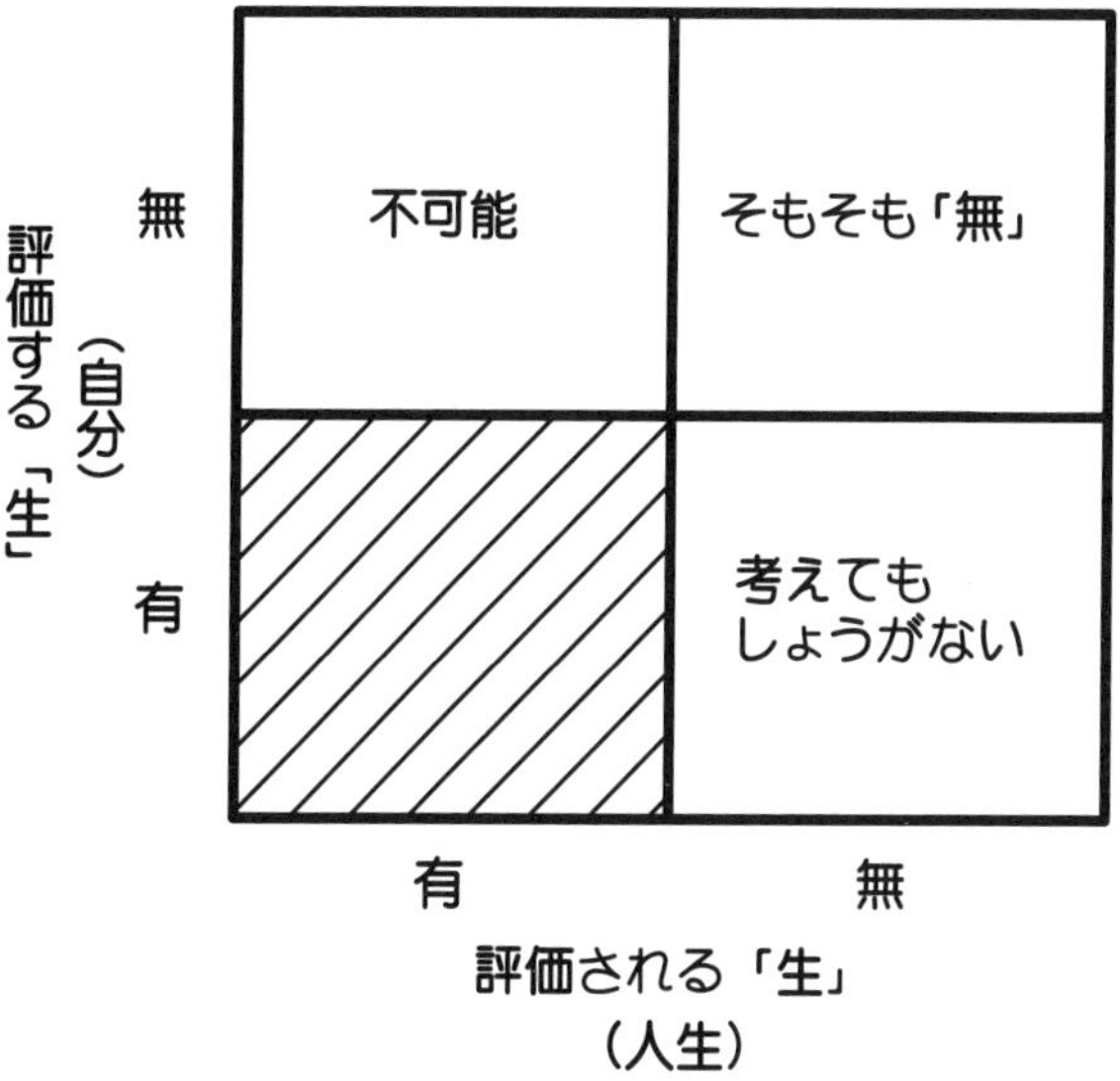

まり、私たちができるのは、生きている間、一所懸命生きること以外に何もなく、死という終わりではなくそこに至る過程こそが人生だということです。

大事にすべき過程を表す「Ｗｈｙ／Ｈｏｗ」という人生への姿勢と態度が決まったら、あとは心に従って生きればいいのです。結局、私たちにできるのは、「今、ここ」を真摯に生きること以外何もない。それゆえに、死に向かう後半生こそ人生を統合して味わう時間であることがわかります。やる「べき」ことではなく、本当に「したい」ことで、「今、ここ」を生きるのです。

次章では、その具体的な方法について、共に考えを深めていきましょう。

第2章

図解で自己実現する

7

ストラテジー思考　時間の配分と運用を

なぜ、後半生は瞬く間に過ぎるのか

引き続き、前半生とは異なる後半生の思考法を紹介していきます。

「今、ここ」を味わいながら後半生を生きるためには、「自分は、本当はどうありたいのか」を明らかにする必要があります。前章のように、私の実体験も交えながら進めていきたいと思います。

さて、後半の人生。そもそも私たちにはどれくらいの時間が残されているのでしょうか。

人生100年時代だとすると、50歳ならあと50年？

平均寿命で考えると、50歳ならあと30年？

いずれの答えも間違いです。実際には、そんなにまとまった時間は残されていません。なぜ？　健康寿命はもっと短いから？　確かにそれも一理ありますが、もっと端的な理由は、認識できる時間の速度が後半生になるにつれ加速度的に速くなるからです。これまで感じてきた50年分の時間感覚と、これからの50年の時間感覚はおそらくまったく違うものになるはずです。

なぜでしょうか。歳を取れば取るほど、なぜ、一年があっという間に感じられるのでしょうか。

次のような論理があります。

「歳を取ると未経験のことが減るから、その分、時間を短く感じる」というもので、「ジャネーの法則」と呼ばれるそうです。つまり、1歳のときに感じる時間の流れはそのまま1年分であり、2歳のときに感じた1年は、2年間の人生の内の半分なので2分の1に感じる。3歳のときは2歳までに経験したことに対し、新しい1年は3分の1になるので、感じる時間は3分の1になる……というわけです。

ですから100歳まで生きるとしたら、人生全体の体感時間は、

1＋1／2＋1／3＋1／4＋……＋1／99＋1／100

になるということです。

40代の頃、実際にこの算式を計算してみました。

さて、いかがでしょう。40歳時の体感時間はどのくらいの数字になると思いますか。さらに、その時点で「人生の何％がすでに費やされている」と思われますか。私はそれを知り、愕然としました。

前述の式を、100歳をゴールにして合計します。その値は5・2。そして40歳までの合計の数値は4・3でした。なんと人生の約83％（≒4・3／5・2）がすでに終わっていることになるのです！　しかも、50歳時点では87％終了です。図にすると、次ページのようになります（2－1）。

「うわ、さすがにこれはないだろう……」

そう思い、計算方法をいくつか変えてみました。たとえば、自覚のない1歳から始める

2-1　50歳で人生の9割が終了?

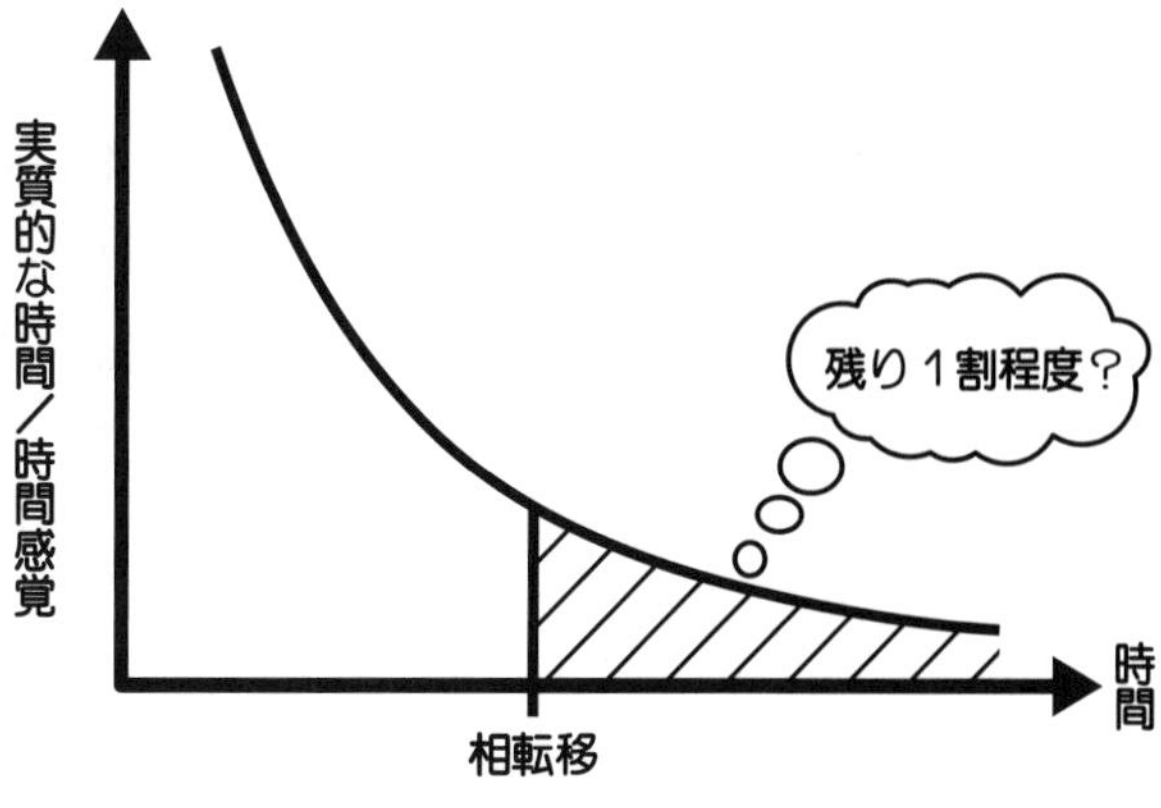

からこんな結果になるのであって、小学校入学時点からこの理論を当てはめればどうなるだろうか、と。それでも50歳時点の結果は80%程度でした。

さらに考えました。1年単位で計算するからこんな極端な数字になるのであって、10年単位で計算したらどうなるだろうか。もちろん、やってみました。それでも40歳時点で人生の71%、50歳時点で人生の78%が終わっていることになってしまいました。要するに、後半生は前半生とイーブンではないのです。

この思考実験からは、二つの学びがありました。

一つ目は、「時間は大切な希少資源だ」というシンプルな教えです。流されて生きていれば、人生の残り時間はあっという間に終わってしまうということです。

二つ目は、この計算式を逆手にとればいい、という考え方。というのも、この式は（この算式の根本的な弱点ですが……）、41歳時の1年を、41分の1とみなします。つまり、40年の延長と繰り返しで41歳を捉えている。いわば、「新鮮な体験はその程度だよ」というわけです。

2-2　今一度、新鮮な時間を生きて人生を拡張する

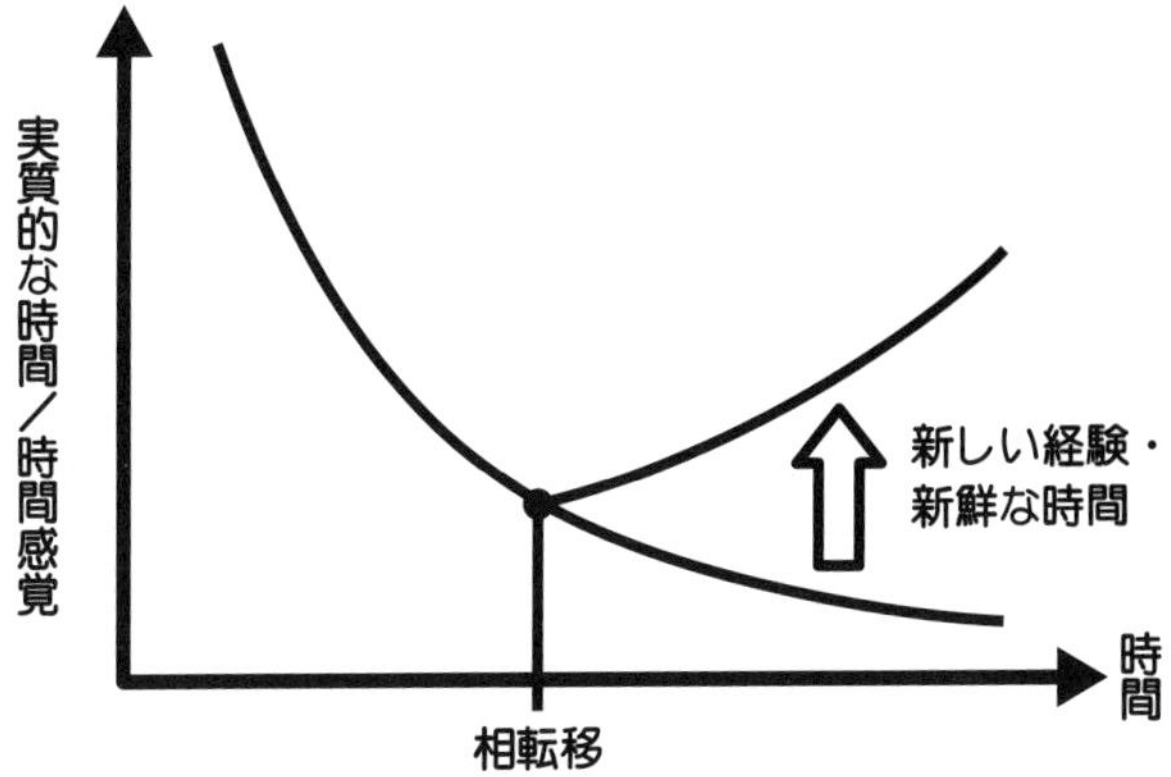

ですから、41歳で未知の体験にいくつも挑戦すれば、1年が単なる41分の1ではなく、あらためて「1」に近づくような1年にできるかもしれません。図にすると、前ページのようになります（2－2）。

つまり、1歳の赤ん坊のような気持ちで41歳の日々を生きてみるのです。「なんだろう?」とすべてをゼロから眺めてみるのです。ちょっと極端な言い方になりましたが、「一年毎に新しい経験をして、新鮮な時間を生きる」ことで、生きる時間が増えるわけです。新たなチャレンジが、生きる上でどれだけ大事か。この算式は、それを見事に暗示しているのです。

希少資源の配分と運用が戦略の基本

視点を変えてみましょう。

人一人の一生を、「資源」と見立ててみます。

たとえば、ビジネスにおける経営戦略論では、資源は次の5つに分類されます。

「人」「物」「金」「情報」と、「時間」の5要素です。

そこで、ビジネスを人生に置き換えて考えてみます。人生における経営資源はいかなるものか。前述の算式で、後半生で最も希少になるのは「時間」だということがわかりましたよね。ここに経営戦略の基本のキを当てはめてみます。

経営戦略の基本中の基本とは、「限られた資源を注視する」ことです。

言い換えれば、「限られた資源」こそが、戦略の本来の出発点になります。限られているからこそ、有効な資源配分の決定とその運用が重要課題になる。それが戦略の本質です。この考え方を企業から人生に応用すれば、自ずと答えが出ます。後半生の戦略とは、時間の「配分」と「運用」。そこから始まるのです。

もうおわかりですね。

これまでの延長線上での「やるべき事」ではなく、「やりたい事」に積極的に時間（資源）を配分しなければ、あっという間に後半生は終わってしまいます。自分が最もやりたい事は何かを見極め、そこに強制的に時間配分を行う――そんな**ストラテジー思考**が必要になるのです。

2-3　ハーズバーグの「二要因理論」

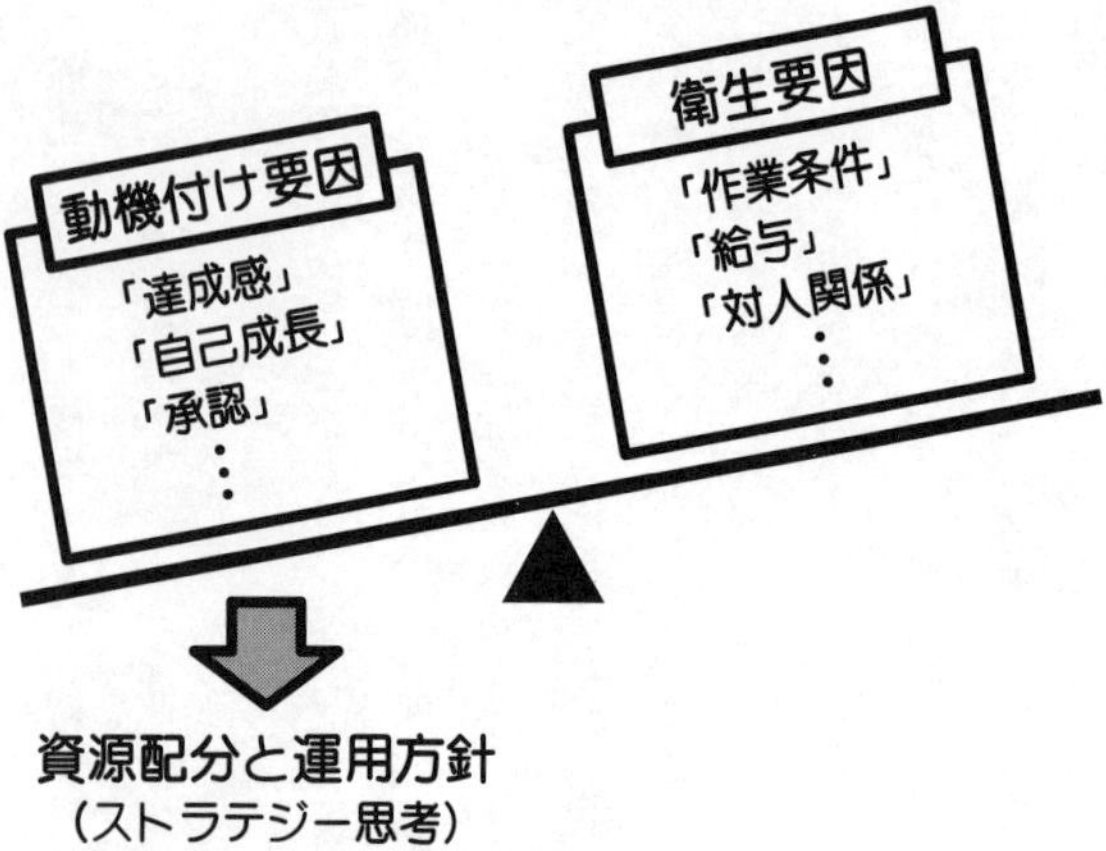

かつてアメリカの心理学者フレデリック・ハーズバーグ（1923〜2000）は、「二要因理論」という説を展開しました。二要因理論では、人間の満足や不満足には二つの大きな要因があるとされます。一つ目は「衛生要因」、二つ目は「動機付け要因」です。

衛生要因とは、作業条件や給与、対人関係といった、それが整ってなければ不満足を招く要因を指します。一方、動機付け要因とは、達成感、自己成長、承認といった、やる気やモチベーションにつながる満足を招く要因のことです。

相転移の機を迎えた私たちが注目するべきは後者、動機付け要因のほうです（図2-3）。統合を迎える人生の段階では「目に見えないもの」、すなわち充実を感じられることに対して、より積極的に希少資源である時間を配分していくべきなのです。

大失敗から学んだ自分の資産

ストラテジー思考を発揮するためには、自分の経営資源、いわば「自分資産」を知ることが必要になります。企業の経営戦略において、事業環境である「外側」を理解するのみならず、「内側」にある自社の強み、つまり「持っている武器」を理解しなければならないのと同じ理屈です。

自分資産を知る。具体的には、実人生の〝棚卸し〟が要るわけです。

私の実体験をお話しします。30代半ば頃、自分資産に反する意思決定をして、手痛い失敗をしました。それは、デル・コンピュータの法人マーケティングを担当していた時期のことです。

時代はちょうど、インターネットの勃興期でした。法人顧客向け専用サイトであるプレミアページの立ち上げが担当業務の一つになった私は、インターネットの未来に胸を躍らせました。インターネットの世界では、クリック一つで瞬時にどこへでも飛んでいけます。昔、「どこでもドア」を創りたかった自分です。形は違えども、インターネットが「どこでもドア」に思えたのです。

「これは革命だ……！」

ちょうどデルも急成長中で、インターネットの旗手として注目を浴びていたこともあり、私のもとにもいろんな転職話が舞い込んできました。

「よし、これからはインターネット時代だから、その道の専門家になってやるぞ」

一攫千金も夢じゃないぞ。ネットベンチャーに飛び込むことを心に決め、当時一世を風《ふう》靡《び》したクレイフィッシュというベンチャー企業にほどなく私は入社しました。

クレイフィッシュは日米同時上場。時価総額は1兆円レベル。

しかしながら、上場後数日でネットバブル崩壊。数ヵ月で株価は数十分の一。もちろん、ストックオプションは紙屑同然です。あれよあれよという間の転落でした。
その後、会社と創業者は、米国での情報開示が不十分だったとして集団訴訟を起こされます。当時、営業マーケティングの責任者だった私は、夜中に突如開催される取締役会への対応や事業の立て直しに奮闘しますが、ほとんど何もすることができず、わずか9ヵ月で会社を去ることになります。
勉強代は高くつきました。もちろん、「経営とは何か?」を深く考えさせられる貴重な経験にはなりましたが、ネット専門家としての地位は少しも築けず、一攫千金も夢物語で終わったのです。
「おれのキャリアは、ついに終わったなあ……」
ふとした拍子に、そんな言葉が口をついて出ることすらありました。自分を省みずに上ばかり見ていた私は、痛烈な洗礼を受けたのです。
そもそも、何が間違っていたのか。
何よりもまず、インターネット・ビジネスそのものを知ら
、
な
、
か
、
っ
、
た
、
ことです。より正確

に言えば、「知った気になっていた」ことでした。時代の風潮に流され、ただなんとなくのイメージだけで捉え、よくよく調べもせずに飛び込んでしまったのです。インターネット自体は非常に大きな革新であり、可能性の宝庫であったのは言うまでもありません。見誤ったのは、その領域で実際に生計を立てていく自分自身です。もっと熟考し、もっと想像力を駆使して、インターネット・ビジネスの専門家として自分が何を目指しどこまで行こうとしているのかを考え抜く必要がありました。そうすれば、時代に踊らされる前に、「興味が持続するかな?」と自分自身にブレーキをかけられたことでしょう。

冷静に考えてみれば、実際そこまで興味がありませんでした。それればかりでなく、インターネット・ビジネスに活かせる強みも持っていませんでした。理系出身ですが、情報、通信、ソフトウェアといった領域は苦手で、そもそも関心が薄い。興味を引かれるのは半導体や粒子といったハードウェア領域で、それらの知識やセンスは、インターネットの世界ではほとんど必要がなかったのです。

ネットの世界はかっこいい。ベンチャーも今どきだ。「君の力を活かしてみないか」と誘われている。自分は理系だから大丈夫――そんな甘い考えで、根拠のない空気に流され、失敗したのです。

「自分は自分を知らなすぎた……」

言うなれば、自分の資産を知らなすぎました。必要なのは、自分資産の棚卸しでした。

8 パーソナル・アンカー思考　自分の強みこそ人生の針路

経営の成功も個性である

ハーバード大学とマサチューセッツ工科大学（MIT）の教授が共著で出した、『ストラテジー・ルールズ——ゲイツ、グローブ、ジョブズから学ぶ戦略的思考のガイドライン』（デイビッド・ヨッフィー、マイケル・クスマノ著／児島修訳／パブラボ／2016年／原著2015年刊）という快著があります。スティーブ・ジョブズやビル・ゲイツといった著名な経営者を詳細に分析し、彼らの成功に潜む5つの「戦略ルール」を示している本です。

その一つが、「パーソナル・アンカーに基づく経営をしなさい」というルールです。「アンカー」とは、「錨《いかり》」のこと。「最強の部分」「頼みの綱」と言い換えるとわかりやすいかもしれません。要するに、強みのことです。

『ストラテジー・ルールズ』では、スティーブ・ジョブズのパーソナル・アンカーは「デザイン力」、ビル・ゲイツのパーソナル・アンカーは「交渉力」であり、彼らは自分のパーソナル・アンカーに則した経営を実践したことにより成功を収めた、とされています。

その通りだと思います。仮に、スティーブ・ジョブズが交渉力でアップルを率い、ビル・ゲイツがデザイン力でマイクロソフトを率いていたら、両社の今のような大成はおそらくなかったでしょう。経営の特筆すべき成功も、要するに個性なのです。

このような**パーソナル・アンカー思考**の重要性は、ビジネス面に限ったことではありません。むしろ、人生という旅路の針路として、最も役立つものだと私は考えます。

人にはそれぞれ個性があり、異なる環境での生い立ちがあります。十人いれば、十通り、千人いれば、千通り。兄妹とて個性が違うのは世の中の現実が証明しています。それを無視したアクションは、おおよそ失敗するということです。

昨今、AIやDXが流行っていますが、「確率・統計」が嫌いな人はAIそのものには手を出すべきではありません。プログラミングやソフトウェアが苦手な人は、DXのど真ん中に打って出るべきではないでしょう。結局は、パーソナル・アンカー、すなわち自分自身の長所を知って、それを活かしていくしかないのです。

2-4　パーソナル・アンカーこそが出発点

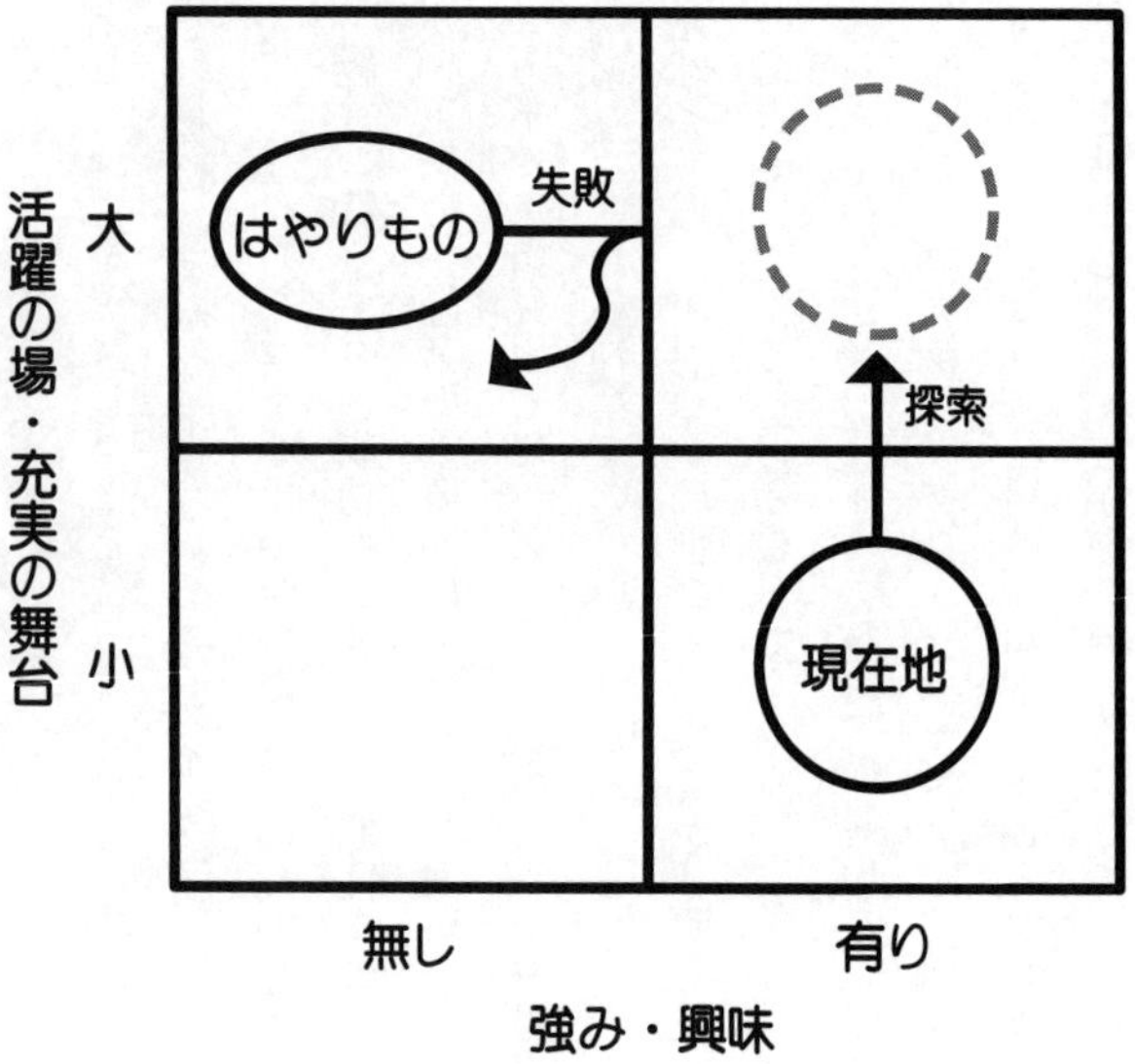

前述した私自身のクレイフィッシュでの失敗が、その証拠。おおいに活用していただきたいものです。自分の強みや興味の根幹と向き合うパーソナル・アンカー思考こそが、後半生の道を決める地図である。図2－4をご覧ください。そのことを心からお伝えしたいと思います。

では、パーソナル・アンカーをどのように見つけるか。

ここでも私自身を実例にします。

私のパーソナル・アンカー。主としてそれは、強い好奇心、理屈をこねる、面白いと思ったことを人に伝えたくなる性分、この三つです。知りたがり、へそまがり、おせっかい、と言えるかもしれません。まずはこのように、漠然とした自己分析から始め、前半生の出来事を振り返ってみましょう。

さまざまな先輩の話を聴く

ここから私の来た道をお話ししますが、それをBGMにしていただき、あなた自身の半生を振り返ってみてください。前半生の棚卸し作業です。

もともと物理学者になりたかったのは、前述の通りです。

大学院卒業後、社会人としてビジネスの世界へ飛び込んでからも、「研究・教育に携わりたい」という思いがどこか心の底に常にありました。結果的に、52歳のときにコンサルタントから大学教授へと「相転移」できましたが、そこに至る道のりは決して平坦なものではありませんでした。

人生のさまざまな先輩たちの話を聴くこと。それを私は40歳頃から始めていたように思います。

「今後、何を大切にして生きていくべきだろう……」

そんな自問自答を繰り返していたので、勉強会や講演先でお会いした大学教授やベテラン経営者に、虚心坦懐にアドバイスを請うていたのです。けっこう、手当たり次第でした。特に大学の先生には、「教員の口があれば紹介してほしい」、「こんな社会実績があるのですが」などと率直にアピールもしていました。

しかしながら、決して良い反応はもらえませんでした。

「歳を取りすぎている」

「研究の実績がほとんどありませんね」

「東京地区の教員職は人気があるから難しいですよ」

家族の都合で東京を離れられない私にとっては、越えられないハードルを明示されるようなものでした。

ただし、人生の先輩とはありがたいものです。

決して若輩を突き放すことはせずに、会話の最後に「君は優秀だからどこかでチャンスはあるよ」、「ネットで国内の大学教員募集のデータベース（ＪＲＥＣ－ＩＮと言います）があるので、それを日々チェックしたほうがいいよ」などと多くの方が次の扉を教えてくれたのです。開ける鍵を探すのは、自分です。結局のところ自助努力へと話は戻ってくるのですが、自問自答よりは比べものにならないくらいの推進力がありました。

とはいえ、２０１０年代後半の社会情勢は、実務家から大学職を目指す者には厳しい状況でした。たとえばビジネススクールの設置や拡充も、国内のピークは２０００年代初頭です。実務家を教員として外から採用するポジションも、のきなみ激減していました。

「チャレンジしなければ始まらない」と思い、前述のJREC-INにアクセスして掲載されていた募集案件にいくつか応募してみましたが、結果はどれも不採用でした。何度、がっくりと肩を落としたことでしょう。

「向かい風はかぎりなく強い……」

それが、実感でした。

しかしある日、偶然が微笑《ほほえ》みます。

いつもは、JREC-INの検索条件を「東京」や「神奈川」に絞っていたのですが、その日は少し時間があったので、他の案件も見てみようと思ったのです。絞り込み条件をいっさい外してみました。

すると、「筑波大学（茨城県）、勤務地が東京」という案件を見つけたのです。

「筑波大学なのに、勤務地が東京だって？」

一瞬、頭が混乱しましたが、読み間違いではありませんでした。調べてみると、筑波大学はその前身が東京教育大学であり、もともとは文京区の茗荷谷にあったこと、その始まりはなんと1872年に日本で最初に設立された師範学校であること、そして2005年に、茗荷谷にある筑波大学東京キャンパスにビジネスの専門職大学院が設置されたことなどがわかりました。次第に胸が高鳴りだしたのを、今でもはっきりと憶《おぼ》えています。

募集案件には、「英語でビジネスを教える英語プログラムで、実務家でもOK」とありました。一応、外資系企業に勤め、英語は多少話せましたし、「ビジネス&東京勤務」の好条件。また、もともと理系の私は、研究大学である筑波大学への憧れもありました。大学時代の研究室の先輩が筑波大学で教鞭《きょうべん》を執っていたこともあり、なじみがある大学だったのです。

「これだ！　応募するしかない！」

縁は異なものと言いますが、就職も然《しか》り。これまで連戦連敗だったことがウソのように、無事採用していただけました。余談になりますが、もしも大学の教職に興味がある方は、ネットでJREC-INを検索してみてください。私のように「東京地区」という条件を付けなければ、学歴や教歴、業績の条件が比較的緩やかな公募案件をさらに見つけられると思います。

さて、今こうして振り返ってみても、あの日の偶然はギフトであったとしか思えません。あの日たまたま絞り込み条件を外してみたことが、次の人生のステップへとつながったのです。

チャンスに備える三つの条件

こうして念願の採用が決まりました。

しかし、すべてが偶然の賜物ではないことも、お察しの通りです。チャンスをものにできたのも、備えあればこそ。自分なりの備えが、やはり結果的に功を奏しました。それは次のようなことです。

38歳のとき、当時勤めていたスターバックスから経営コンサルティング会社ローランド・ベルガーに帰ってきましたが、戻った当初は大変でした。10年弱コンサルティング業務から離れていたブランクの大きさと、マネージャーという新たな役職の責務もあり、寸暇を惜しんで頑張らざるを得ませんでした。

ちょうど子どもが幼稚園と小学校に通っていた時期でしたが、子どもたちの運動会では、いつもシートの上で熟睡していました。年中、寝不足だったのです。また、正月や夏休みは、本や記事の執筆で忙殺されていました。以前、「おれはキャリアに躓《つまず》いた」という自覚があったので、焦燥感にかられていたのだと思います。

ですが、数年経って少々落ち着いてくると、何か新しいことにチャレンジしてみたくなる悪いクセが頭をもたげてきます。

「何か、したい。何か、新しいことをしてみたい……」

ちょうどその頃です。早稲田大学とローランド・ベルガーが、リーダーシップに関する共同研究を行っていたのです。そこで、社内で手を挙げて参画させてもらいました。早稲田大学の経営学者、山田英夫先生と知り合いになれたのも、その研究会でした。

私は山田先生に尋ねました。

「遠い将来、大学の教員になることも考えているのですが、そのために何をすればいいでしょうか」

先生の教えは、明晰でした。

業績・教歴・学歴の三つを整えること。それが山田先生の回答でした。

一つひとつ、考えてみました。当時、ビジネス本を一冊刊行していました。それが業績になるかもしれないし、理系時代の共著論文もあるのでなんとかなるかもしれない。教歴については、ベルガーの上司が担っていた青山学院大学での非常勤講師を引き継ぐ幸運に恵まれたので、これもクリア。

残るは学歴です。

この学歴とは、「博士号」を意味します。私は博士号を持っていなかったので、「これは取るしかない」と覚悟を決めました。すぐに山田先生の研究室の門を叩き、働きながら博士号取得を目指すことにしたのです。

それから筑波大学への道のりは、振り返ることでしか見えない道筋です。あの日の偶然を捉えることができたのも、こうした備えのおかげであったとつくづく思います。なにしろ博士号を持っていることが採用の決め手になったと思われるからです。採用されたコースには何名かの実務家教員がいましたが、全員が博士号の取得者です。実務家と言っても、比較的若い頃からアカデミアに転身した人がほとんどで、皆が学究家タイプの方でした。私のように、実務の世界に25年以上いた人間はほとんどおらず、博士号を持っていなければ私は論外だったに違いありません。つまり、転身からおよそ10年前の博士号取得の覚悟が、この転職を実現させてくれたのです。備えあれば憂いなしとはまさにこのことです。

もちろん、博士号を取るのには苦労しました。たとえば海外出張の際、飛行機の中で同僚はお酒を飲んで映画を観ているのに、私は、英語の論文を読まなければならない。睡魔に襲われても、時間がないので仕方ない……。未来も自分も文字通り雲の中でしたが、「チャンスに備えよ」という言葉を繰り返し言い聞かせて勉強し続けたのを憶えています。

9 ビッグ・ピクチャー思考 自分の将来図であり全体図

おでん図にすると答えが見える

こうして後半生に向けての離陸が始まりました。

博士号の取得を私が目指したのと同じように、前半生と後半生の「相転移」をつなぐ**ビッグ・ピクチャー**を描くタイミングが必ずあなたにもあるはずです。

ビッグ・ピクチャーとは何か。現在の地点から、行きたい地点への航海図であり将来図です。自分自身の全体図でもあります。

そんなビッグ・ピクチャーを「おでん図」と名付けてみました。

次ページの図2-5は、私自身のおでん図です。おでん図は、私が最初に出会ったポンチ絵（概念図）でもあります。

2-5　私の「おでん図」

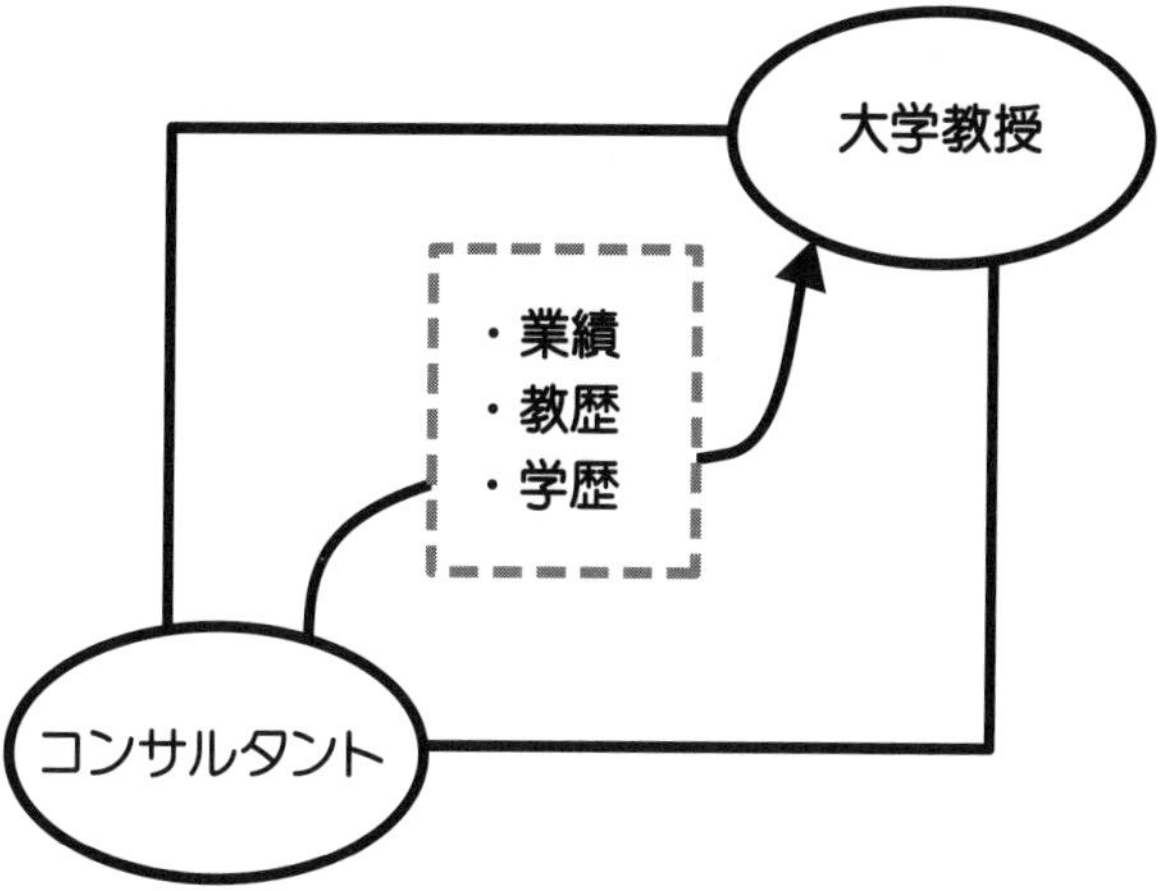

駆け出しのコンサルタントの頃、ホワイトボードに図を描きながら議論を進めるのが上手なベテランコンサルタントがいて、その人の描く図がおでんに似ていたのです。

□が現状。○が目標。△が道筋です（実際は△はほとんど使わず□か○でしたが……）。

不思議なものでした。一見、その場では解決不可能に思える複雑な課題も、おでん図にすると答えが見えてくる。皆の議論が図の中にスーッと収まり、全体がハッキリしてくるのです。全体像にするからこそ、大事なものが見えてくる。大事なものが見えるから、全体像がさらに明確になる。その二つが同時に起きるのです。

おでん図には、二つの効用があります。

一つ目は、おでん図それ自体が、目の前の課題の解決策になることです。飛行機の中で英語の論文を読むのはかなりしんどいことですが、それを行う根本的理由すなわち乗り越える力を与えてくれます。

二つ目は、備えあれば憂いなしの「備え」を明らかにしてくれます。□（現状）から○（目標）に到達するには、△（道筋）をやるしかない。つまり、「やること」を明確にしてくれるのです。「資格を取得する」「勉強する」「英語の論文を読む」そのような具体的行動を自分に示してくれるのです。また、前もってそれを意識できるので、ふいに訪れるチャンスも逃さずにつかむことができます。頭の中で考えているのと図にして可視化させるのとでは、雲泥の差があるのです。

ここで図解タイム。

あなたの「おでん図」をさっそく書いてみてください。次ページの図2－6の□（現状）、△（道筋）、◯（目標）に思う存分書き込んでください。

書けましたか？　さあ、手元にできあがったおでん図をじっくり眺めてみましょう。その図は、あなた自身の長期ビジョンです。

2-6　「おでん図」のテンプレート

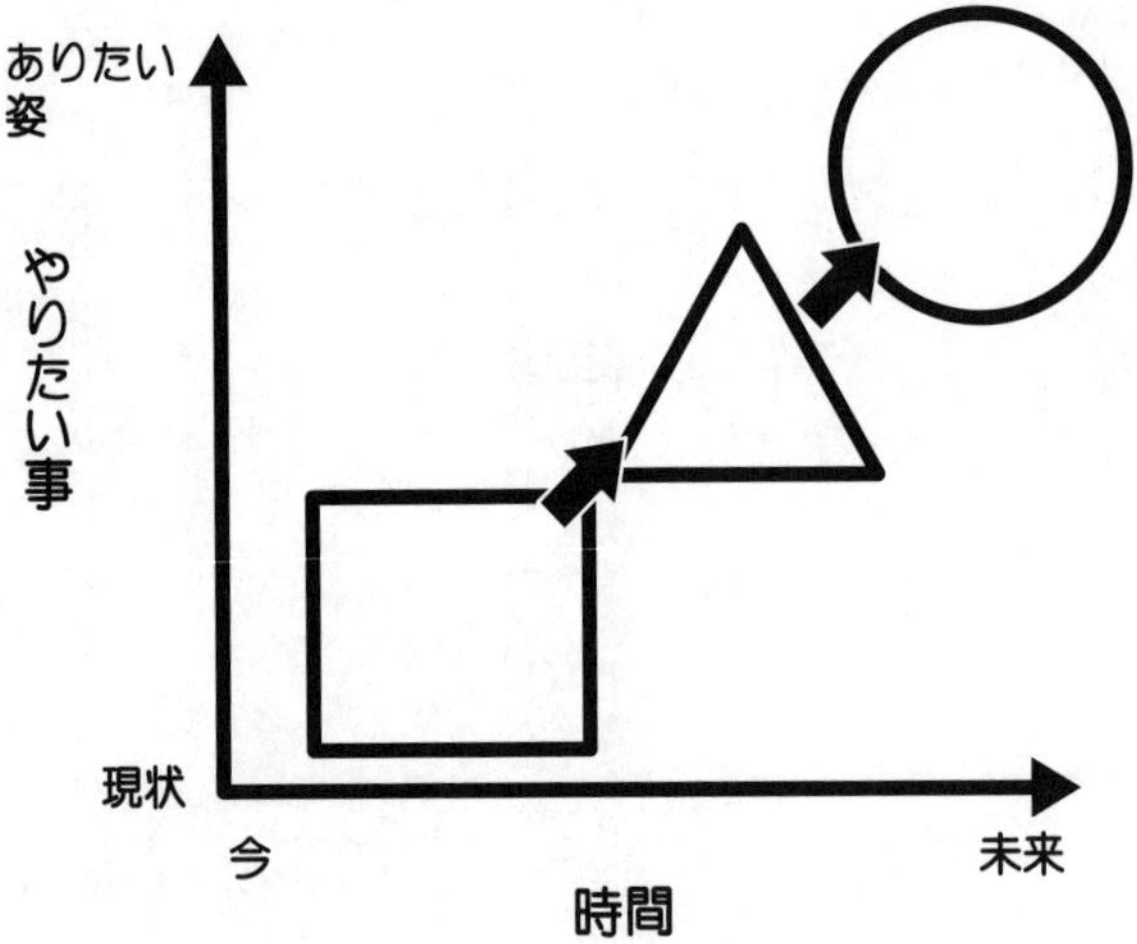

10 プランニング思考　計画があればただの道が旅に

三つの戦略計画を習慣にする

次に進みましょう。

おでん図を基に行動を起こすために、最も必要なことは何でしょうか。

それはプラン、すなわち計画です。図を実現化していくためのプランであり、明確な**プランニング**です。「戦略計画」と言い換えてもいいでしょう。何事においてもプランニングを習慣にすることで、後半生はますます充実していきます。

戦略計画なんて言うと大げさに聞こえますが、要は、初めの一歩です。企業経営由来の語彙《ごい》なので、大それた感じがするだけです。私が強調したいのは、戦略計画とは企業の専売特許ではない、ということです。決して組織や企業のみの手段ではなく、一個人の生涯においても、十分に必要な武器なのです。計画があればこそ、当てのない道のりが〝目的地のある旅〟になる。いわば人生の修学旅行は、自分自身でプランニングしなければいけないのです。

計画を練る。必要なものを準備する。そのために資源を投入する。プランニングとはすなわち、遂行力でもあります。人生も、経営も、遂行力次第だと言っても過言ではありません。たとえ同じ環境にあっても、そして能力的な違いがさほどない者同士でも、後半生の時間を味方にできるかどうかはこの遂行力の差で決まります。前半の企業人生で練習してきたプランニング思考を、後半生では自分自身のために存分に活かすべきです。

具体的なステップは、以下の三つです。次ページの図2－7も併せてご覧ください。

1　中期計画を立てる
2　年次計画を立てる
3　ＰＤＣＡを廻す

2-7 「おでん図」と「戦略計画」

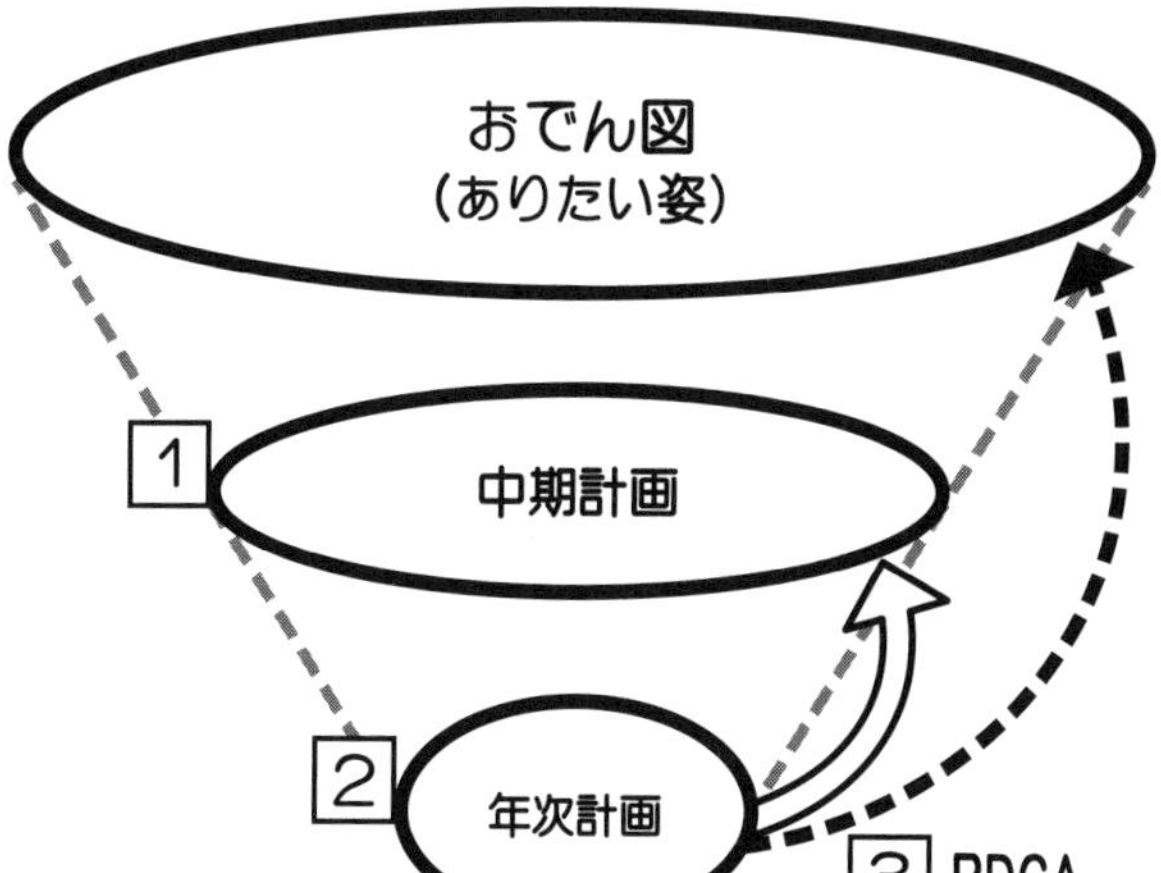

では、一つひとつ説明します。サンプルは私。私自身の実体験と共に、この三ステップを具体化してみます。

ちなみに、私は昔から計画を立てるのが大好きでした。10代の受験期には、試験のための計画時間と勉強時間がほぼ同じで、計画中毒といってもいいくらいでした。そんな計画好きのクセは40代になっても変わらず、ほぼ毎年、「中期計画」、「年次計画」、「PDCA」を自問自答で続けていました。今でもパソコンの中には、過去につくったすべての計画が保存されています。ここでは、2010年時点に立てた計画を題材にしてみましょう。

①中期計画を立てる

中期計画は、だいたい3~7年程度の時間軸で考えます。その時点での自分の「現在地」、すなわち置かれている状況をまずは把握し、今後の目標や活動を設定していきます。たいていA4サイズ一枚の紙に書いていました（図2-8）。

書き出すことは、自分にとって重要なこと。それより他にありません。

たとえば、家族状況、仕事、資産形成、将来の目標、趣味などについて、それぞれ「重要視すること」を書き込んでいきました。

当時の私は、シニアパートナーに昇進して間もない頃で、仕事もチャレンジングでしたし、博士課程にも通っていたので、非常に多忙な時期でした。家のローンも抱え、ましてや貯蓄も多くない。文字通り「アップアップの状況」の只中で、どうにか長期展望と中期計画のバランスを取ろうと必死になっていました。仕事も、家庭も、そして自分自身もが、いつも瀬戸際のような感覚だったのです。自分にとって重要なことを文字にするだけで、現在地とのギャップを感じさせられました。計画マニアの私でしたが、挫《くじ》けそうになった時期でもありました。

ですが、この中期計画は他人に提出するわけではありません。いわば、自問自答。じっくり味わいながら、己と対峙すればいいのです。同時にこれだけは断言できますが、これをやるかやらないかで3～7年後は明らかに違います。荒野に線路を敷くような効果があり、たとえ目には見えない線路であっても、あてどのない旅路に目的地が生まれます。そ

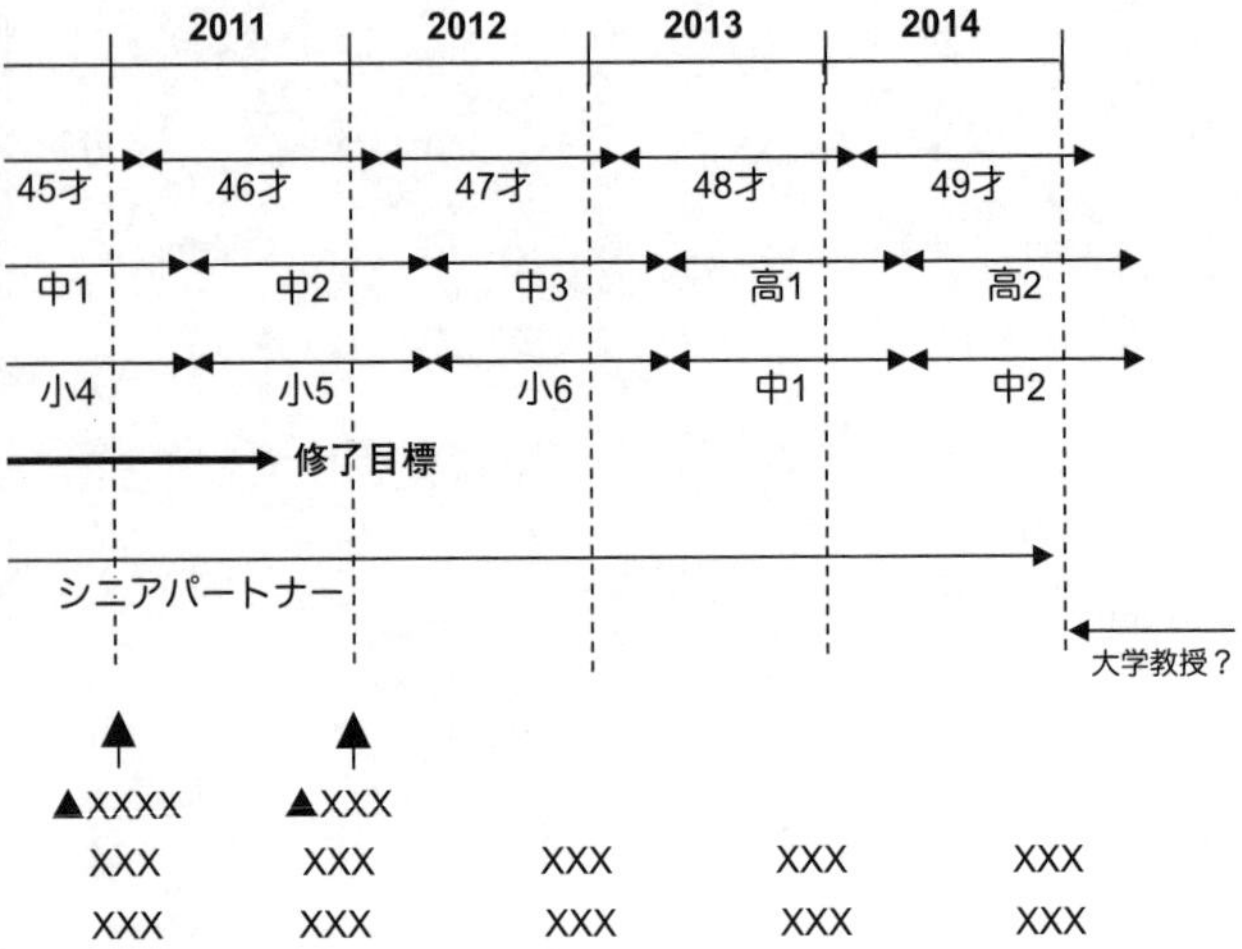

<2025に向けたチャレンジ>

- 健康を維持する
- 55歳、あるいは50歳以降のキャリア形成の準備をする
- ピアノ・旅行などの趣味の土台をつくる
- 貯蓄XXX円をつくる
- 個人年金の積み立てを継続する

2-8 〈実例〉私の中期計画

2010中期計画

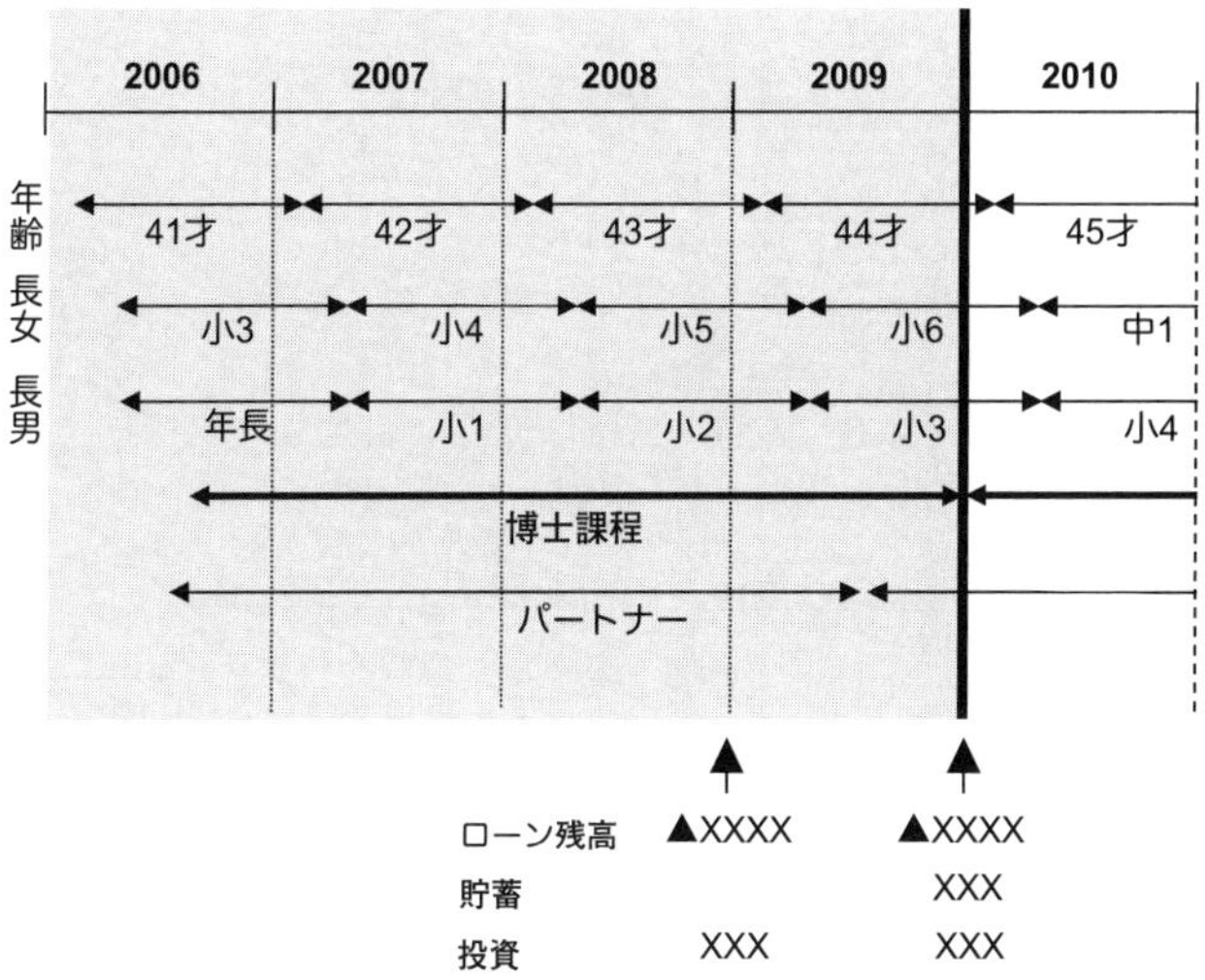

＜2013に向けたチャレンジ＞

- 住宅ローンの繰り上げ返済を継続し、貯蓄・投資を増やす
- 博士号を5年以内に取得する
- 環境関連ビジネスのプロジェクトを増やす
- 家族との時間の確保する
- ピアノの練習をする
- 本を2冊出版する
- 48歳以降のチャレンジに向けての準備する
- 健康を維持する（運動）

れがあるかないかは雲泥の差です。繰り返しますが、用意するのはA４の紙とペン。いつから始めてもいい。思い立ったが吉日です。さっそく中期計画を書き出してみてください。

②年次計画を立てる

次に、年次計画です。40代の頃は毎年つくっていました。

１０９ページの図２‐９が、２０１０年度の私の年次計画です。

年次計画には、中期計画の大事なポイントを記すのも重要です。特に、その年に達成したいことをできるだけ具体的に書くことをお勧めします。そうすれば、その年のあいだにときどきこの紙を眺め、達成できたことを赤ペンで記し、不要な項目を消していくことができます。たとえば、私の２０１０年。那須への家族旅行を実現できれば、那須に行った日付と訪問した先を書き込んで、その箇条書きの項目を赤線で消しました。そんな作業を続けるうちに、本当に自分がやりたいことが自然に見えてきて、本音の自分と向き合えるようになるのです。

「ああ、どうしてもやりたいのは……」

日々に忙殺されて感覚が鈍くなっている自分に、本当に欲しているものを教えてくれるのも、やはり自分自身なのです。こうして振り返ってみると、まったく実現できなかったのは「ピアノを弾けるようになること」ですが、これはどうやら一生叶いそうにありません（笑）。

さて、『至誠敬愛　一燈照隅』と冒頭にありますが、これは私の座右の銘。造語です。

「そうだ、座右の銘を決めよう……」

ある年そう思いつき、いろいろな言葉を探しました。愛読書、好きな映画のセリフ、それこそ歌詞からことわざまで、半生を振り返りながら言葉めぐりをしたのです。その結果、行き着いたのが「至誠敬愛」でした。自分にとって「正しい」とは何か。その答えが、「誠」「敬」「愛」だったからです。立場や時代を超えて、この三語は決してゆるがない軸である気がしたからです。

「一燈照隅」という言葉は、愛読書である藤尾秀昭著『小さな人生論』（小さな人生論シリ

<出版>***************************
・○○本の出版

<記事・講演>************************
・記事3本を執筆、外部講演10件おこなう

<研究>***************************
・投稿論文の準備・投稿（2010年内に完了）
・○○学会での発表(6月)

<レジャー等>************************
・那須・河口湖・長野・ディズニーランドに１～2泊で旅行
・週末は極力子どもと過ごす

<ピアノ・趣味>***********************
・ピアノに再度注力する

2-9 〈実例〉私の年次計画

2010年次計画

2010年1月3日

<座右の銘>＊＊＊＊＊＊＊＊＊＊＊＊＊＊＊＊＊＊＊＊＊＊＊＊＊＊

至誠敬愛　一燈照隅

<中期目標>＊＊＊＊＊＊＊＊＊＊＊＊＊＊＊＊＊＊＊＊＊＊＊＊＊＊

キャリア面

・55歳まではコンサルティング業務に邁進する

・5年以内で博士号取得、その間に次のキャリアの道筋を探る

資産面

・住宅ローンを○○円まで減らす（2013年末）

・○円の資産形成（60歳退職時まで）

健康面

・72kgに体重を減らす、中性脂肪を減らす

・歩くことを心掛ける

<今年のテーマ>＊＊＊＊＊＊＊＊＊＊＊＊＊＊＊＊＊＊＊＊＊＊＊＊

・戦国時代～明治維新について深く学ぶ

・1日：執筆30分、研究30分、ピアノ30分の実践

<仕事>＊＊＊＊＊＊＊＊＊＊＊＊＊＊＊＊＊＊＊＊＊＊＊＊＊＊＊＊

・プロジェクトを楽しみながら、予算○○円を達成する

・再生可能エネルギー分野の立ち上げ

・機械・電機のクライアント開拓

・○○社との関係強化

ーズ／致知出版社）で知りました。もともと中国の古い逸話が由来の言葉で、最澄が唐から持ち帰ったものだと言われています。

「車の前後を照らす直径一寸の玉が十枚ある。これが私の国の宝だ」と魏王《ぎおう》が言ったのに対し、「そんな玉は私の国にはない。だが、それぞれの一隅をしっかり守る人材がおり、それぞれが自分の守る一隅を照らせば、車の前後どころか、千里を照らすことができる。これが国の宝だ」と斉王《せいおう》が言ったという――つまり、それぞれが自分の立場で、それぞれの最善を尽くせばよい、ということです。一人ひとりが国の宝だ、ともこの言葉は語っています。

「至誠敬愛」と「一燈照隅」。どちらも、気持ちの鏡になってくれるような表現でした。そこで迷わずこの二つをくっつけて座右の銘としたのですが、その効果は絶大でした。ある意味、崇高なものを「自分の言葉」にしたせいで、ものの見方が劇的に変化したのです。誰に強《し》いられることもなく、物事の選択がそれまでとは変わっていきました。今でも毎年の年次計画の冒頭にこの言葉を書きつけて、自分自身と対話しています。

③PDCAを廻す

三つ目のステップ。それは、PDCAを廻すことです。

PDCA、すなわち「Plan（計画）→Do（実行）→Check（評価）→Action（改善）」という行動プロセスを存分に実人生に活かすこと。それが、後半生の醍醐味《だいごみ》です。

大晦日に必ずしていたことがあります。それは、年次計画の採点です。年次計画の項目を実際どれだけ達成できたか。各項目を振り返り、その状況に応じて「今年は100点満点中何点だったか」と自己評価する。それで、一年を終えました。

およそ70~80点というのが、毎年の成績です。100点満点の経験はありません。ですが、これはとてもよい振り返りになりました。振り返ることが明日、すなわち次の年のエンジンになるからです。

「よし、来年こそは……」

自然に前向きになれ、未達の30点が新年の到来を寿《ことほ》いでくれる気さえしました。これが、自己採点の良さです。後半生になってからは、他人の評価は無意味とまでは言いませんが、効果はさほどありません。ここまで述べてきたように、自分と本音でどこまで対話できるか。要は、自問自答できるか、です。

この〝歳末自問自答〟を踏まえ、年明け三が日に、新しい年次計画と中期計画を策定します。そうすることで、短期と中期と長期がつながっていくのです。

ちなみに、図2－9（109ページ）の〈今年のテーマ〉に、「戦国時代～明治維新について深く学ぶ」という項目がありますね。30代から40代の頃、毎年テーマを一つ決め、それについて深く勉強するということを自分に課してきました。

これまでのテーマは「臨床心理学」「歎異抄」「組織行動論」などバラバラでしたが、非常に有効な手段だったと実感しています。なにしろ3年続ければ、3つの新ジャンル。10年続ければ、10個の新領域に精通することができるのですから。

しかもそれだけではありません。この試みには、自分自身の危機意識があったのです。

それは、「覚える」作業が自分の日常から欠如しているという危機感です。

本も読みっぱなし。仕事の苦労も喉元過ぎれば、そのままスルー。学生時代の暗記や熟考も、気づけば前世の自分のような感がある。あれだけ酷使していた頭脳は、社会人の名のもとにほったらかし……。

おそらく高校受験や大学受験以降、「勉強する」「暗記する」こととは無縁の日々をあなたも送られてはいませんか。単語カードを作ったり、まとめノートを作ったり、あるいは10回同じことを書いて覚える作業など、ここ数十年されていないのではないでしょうか。

受験期の詰め込み教育の功罪は、世間で指摘されている通りかもしれません。ただし、あの時期に覚えたことは今でも忘れず、その後の知識の土台となっていることも事実です。

歳を取ると記憶力は低下する。

一方、若い頃のように「覚える」必要がない。だから、努力しない。

そして、いろいろなことを忘れてしまう。

帰結は明らかです。流れに身を任せれば、私たちの知識・教養は低下の一途を辿《たど》ってしまいます。思えば実に、もったいない限りです。

ここで凄い人を紹介します。私が勤務している大学の同僚の先生で、定年退官後も客員教授として引き続き教育に携わっている方なのですが、それはそれは見事です。退官する際にお話ししたときは、「ラテン語を学び始めた」と言われました。思わず尋ねました。

「どうしてですか？」

「西洋の言語の源はラテン語だから、一度、それを勉強してみたくなって」

なるほどね、と私は思いました。

しばらくしてフェイスブックを見ていると、「そろそろ旧約聖書（詩編と知恵）の期末試験が始まる」とのコメント。えぇ？　今度は聖書を勉強しているんだ……。最近お会いしたときには、「今月からドイツ語学校に通うことにしました」。若々しく両の眼が輝いています。

なかなかここまではできませんが、たとえば、昨年は「マーケティング」について勉強して面白かったから、今年は、同じビジネス領域で「経営戦略」について勉強してみよう、でもいいですし、目先を変えて、「世界遺産」について今年は勉強してみようでもかまいません。

テーマ自体は問いません。毎年、一つのテーマに焦点を当てて、勉強する。習慣化できればしめたもの。歳を重ねるごとに確実に増える財産になります。

では、図解タイム。

紙一枚か、二枚を取り出してください。私の中期計画、年次計画の図も参考にしながら、まずは計画を紙に落とし、「見える化」するところから始めましょう。あなたの後半生が動き始めます。

計画か、それとも創発か

もちろん、計画してもその通りにならないのが現実です。先述の通り、私の場合は7割か8割の達成度でした。

そもそも計画とはなんぞや。

「物事を進める上で、なくてはならない指針」
「皆で目標を共有するために、必須の行為」

その通りです。ですが実は、経営戦略論において必ずしも決着していない大きな論争があるのです。それは、経営にとって重要なのは、「計画か、創発か」という問いです。

創発とは、第1章の水の例でもお話しした通り、部分の単純な総和には留まらない何かが「全体を通して現れてくる現象」を指します。水の場合は、水素と酸素の個別の特徴では表しきれない特徴やふるまいが、水として創発していました。

いくつかの出来事や偶然が重なって、想定しなかった方向へ物事が進み、何かが達成してしまう。そんなことも多々あります。要するに、無計画の偶然性ですが、それも創発の一種です。計画が大事か、創発が大事か。優れた業績を上げるために、経営戦略論ではそんな議論が続けられているのです。

スターバックスの事例で説明しましょう。

スターバックス コーヒー ジャパンは1995年、米国のスターバックスとサザビー（現・サザビーリーグ）の50対50の合弁企業としてスタートしました。サザビーは、「アフタヌーンティー・リビング」などの生活雑貨やレストランのブランドを展開するリテール（小売）企業です。

そもそものきっかけは、当時のサザビー社長の実兄、角田雄二氏が経営するハリウッドにあるレストラン「ＣＨＡＹＡ」の前に、スターバックスのカリフォルニア第一号店ができたことでした。スターバックスのコーヒーの味と接客に感銘を受けた角田氏が、「スターバックスが日本に進出したら、きっと成功すると思います。よければ一緒に日本での事業展開を考えませんか」と社長のハワード・シュルツ氏に手紙を書いて、サザビーの社長とシュルツ氏をつなげたのです。それまで日本の商社などと接触を続けていたシュルツ氏には、「やはり、パートナーは小売業や飲食業でなければダメだ」と再確認するきっかけにもなり、スターバックスとサザビーとの提携話が急展開します。

そして、1996年に日本の第一号店「銀座松屋通り店」がオープンする運びになりました。いわば、スターバックスとサザビーの提携は偶然の産物から生まれ、提携ビジネスとして創発したのです。

ただし、こうした創発は「備えあり」であればこそ。つまり、常日頃から新たなチャンスに目を見開いていたという事実が背景にあります。逆に言えば、そうでなければふいに訪れるチャンスは決してつかめないのです。

その意識こそが、戦略計画です。サザビーには、海外の優れたブランドを日本に持ってくるという戦略的な計画が事前にありました。一方、スターバックスには日本進出という戦略計画がありました。だからこそ偶然をものにして、サザビーとスターバックスは日本での成功を実現することができたのです。

大事なことなので繰り返します。計画や企図がなければ、チャンスは目の前を一瞬のうちに通りすぎてしまいます。一方、すべてを運や偶然に任せようとすれば、「何が幸運か」「何が不運か」の区別もつきません。事前の意図があるから、その判断も可能になります。要するに、計画と創発は不可分なコインの裏表の関係にあるのです。

11
エマージェンス思考　偶然を楽しむ力

偶然を必然にする方法

ところで、「百聞は一見にしかず（Seeing is Believing）」とよく言います。

逆もまた然り。「信じるものしか見えない（Believing is Seeing）」という表現もあります。

人は、見たいものを見て、信じたいものを信じるバイアスを持った生きものです。

たとえば最近、こんな経験をしました。タイ焼きを買ったときのことです。

「三つで480円です」と、店員さん。

私は千円札を出してから、「あ、ちょっと待ってください。80円あります」と、10円玉3枚と50円玉を出しました。店員さんはすかさず言いました。

「ハイ、ではちょうどお預かりします」

あれれ、ちょっと待ってよ、600円のお釣りをくださいな。思わず慌てる自分に苦笑しつつも、お釣りの小銭をしっかり受け取りました。

おそらくピッタリ払うお客さんが続いていたのでしょう。店員さんは、「お客さんはピッタリの額を払う」という「信じるもの（Believing）」に染まり、目の前に千円札があるにもかかわらず、反射的にそういう言葉が口から出たのでしょう。

話を戻します。

「信じるものしか見えない（Believing is Seeing）」とは、「計画は大事だが、それに固執してはダメだ」ということも意味します。計画を信じすぎるな。平たく言えば、そうなります。計画に偶然の入り込む余地を十分に与え、新しい何かを感知する姿勢も大切にしていれば、偶然が必然となる可能性が高まるということです。

偶然という語を「創発」に置き換えてもいいでしょう。結局のところ、計画と創発はフィフティフィフティぐらいがちょうど良いのです。

創発、すなわち「エマージェンス」。出現や発生、創発を意識するのが**エマージェンス思考**。つまり、偶然を楽しみ、偶然を必然に変えていく思考です。前述のプランニング思考にエマージェンス思考を掛け合わせれば、常に変わりゆく現実の波に自らを乗せ、人生という遠泳にその身をゆだねていけるのです。

感知・捕捉・変革を自らに与える

私たちビジネスパーソンは、これまでPDCAの世界を生きてきました。ですから、プランニング思考については、自らの方法をすでに持っている方が多いと思います。

ただし、エマージェンス思考については、コレといった正攻法はなかなかありません。なんといっても〝エマージェンス〟ですから仕方ない。そこで紹介するのが、SSTというプロセスです。

SSTというのは私の造語です。次の三つの言葉の頭文字です。

・S（Sensing）＝感知する
・S（Seizing）＝捕捉する
・T（Transforming）＝変革する

もうお気づきですね。明らかにPDCAとは異なる〝ボトムズアップ〟のアプローチです。

SSTの出どころは、ダイナミック・ケイパビリティという経営学の分野です。デイヴィッド・ティース（1948〜）というアメリカの経営学者が示した企業変革の概念に基づき、編み出しました。

簡単に説明します。

ダイナミック・ケイパビリティとは、自己変革能力のこと。言い換えれば、臨機応変に自分を変えていく力です。現在、ダイナミック・ケイパビリティの研究者たちは、組織の能力に焦点を当て、環境変化に合わせて事業を変えていく企業力の実態を明らかにしようとしています。つまり、能力を変えるためのメタ能力の研究です。

具体的にどうすればいいのでしょうか。

さほど難しいことではありません。PDCAに偏重した私たちにとっては、むしろ実行しやすいことです。日常生活の中で、いつもより少し意識的に、SSTの行動を起こして

2-10　PDCAにSSTをプラスする

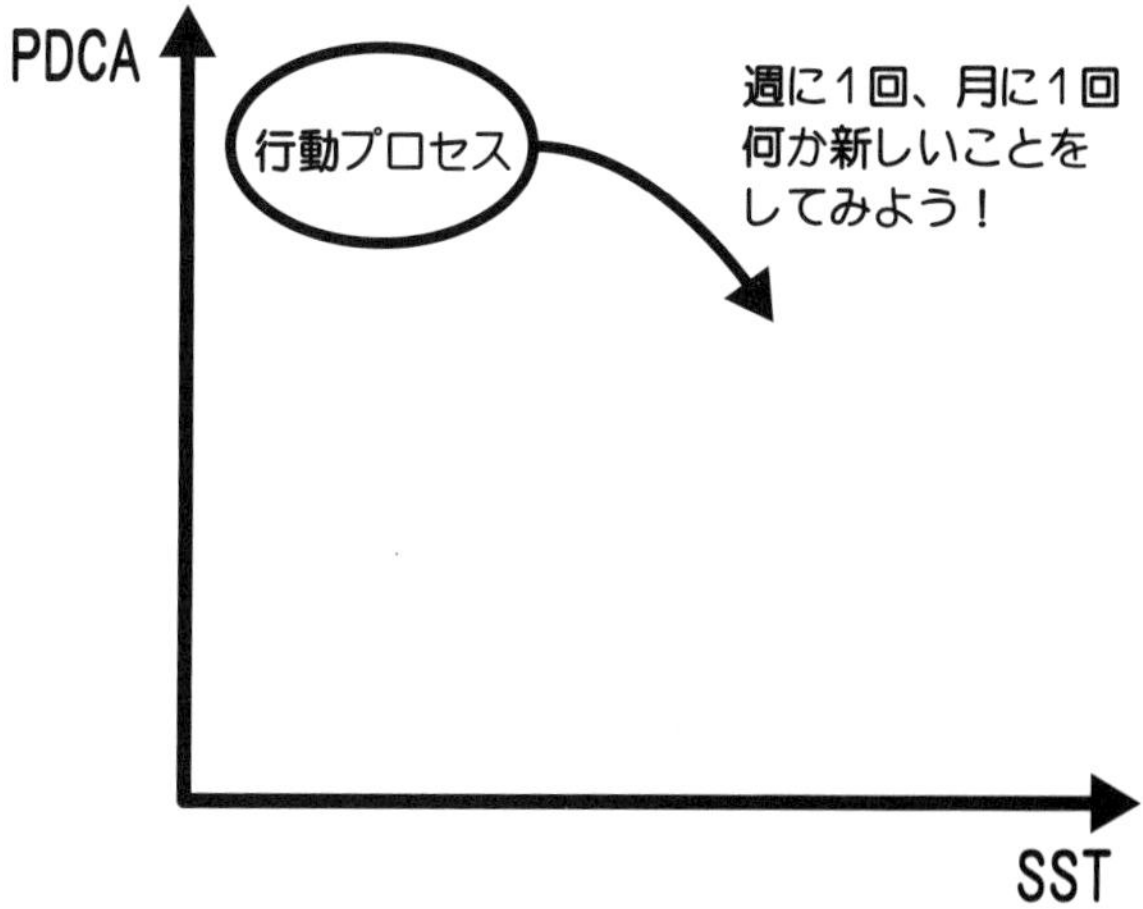

いけばいいだけです。

一週間に一回でも、一ヵ月に一度でもいいです。これまでとは異なる何かを試してみるのです。普段行かない街に足を延ばす。いつも降りない駅に降りてみる。初めてのレストランに入る。知らなかったジャンルの本を読んでみる。ボランティアに参加してみる。何だっていいのです。

それらを感知し、捕捉し、変革する。

新しい未来が創発してくる可能性が、そこから次第に広がります。

12

セルフ・エフィカシー思考　身近な承認で留めていい

善く生きる以外に道なし

本章の締めくくりに、もう一つ、私の失敗談から話を始めたいと思います。

スターバックスの経営企画部門長の頃のことです。

当時、進行中のコンサルティング・プロジェクトで、部門長だった私はコンサル側のリーダーから何かと依頼を受けていました。進捗《しんちょく》報告をさせてほしいとか、プロジェクトの具体的な方向性について相談させてほしいなどという連絡です。役職上、それなりに私に決定権があると社外の人の眼には映ったのでしょう。実際には何の決定権もありませんでしたが、悪い気はしませんでした。

しかし、それが良くなかった。

自分が偉くなったような錯覚に陥り、先方に対し、少々無理難題を言うようになっていたのです。しかも当時は自覚がなかったから、ますます始末が悪かった。

実は、コンサル側のリーダーは、私の留学時代の先輩でした。立場上とはいえ、後輩からいろいろと言われることをきっと苦々しく思っていたはずです。

時が流れ、私が再びコンサルティング業界に戻ろうと思ったとき、その先輩がいるコンサルティング会社を候補先にはできませんでした。先輩が私を受け入れるわけがありません。私は、自分の力量ではなく、「立場」で調子に乗ったため、未来の可能性を狭めてしまったのです。

ですが、それだけでは終わりませんでした。若かった私は、まだ本当の意味で懲りていなかったのでしょう。

その後、ローランド・ベルガーという経営コンサルティング会社に参画しましたが、同じような失敗をします。

ある飲食関連のプロジェクトのことです。クライアント先は、私のスターバックスでの経験を買ってくれていました。「平井さんだから」と思われていたのをいいことに、無意識に上から出てしまったのです。値段交渉に積極的に応じたり、要望に沿ってプロジェクトの範囲を調整したりというような、基本的なことすらも疎《おろそ》かにしてしまいました。プロジェクト自体は目標を達したにもかかわらず、次の仕事をもらうことはできませんでした。またしても私は自分の有利な「立場」を利用し、真摯な対応を怠《おこた》っていたのです。

いずれも、あとから気づきました。

苦い苦い、自覚でした。

ですが、これらの負の経験から、二つのことを学びました。

第一に、決して「立場」で仕事をしてはいけない、ということです。

仕事上の立場なんて、たまたまそのとき自分がそこにいるだけで、未来永劫続くわけがありません。また、その立場が自分に優位性を与えるからといって、決して自分が偉いわけではなく、そのポジションを用意している会社が凄いだけです。

購買担当だから、下請けいじめをする。親会社の人間だから、子会社の社員を見下す。顧客だからといって業者に横柄な態度をする。上司だからといって部下に対して権威をちらつかせる。そんなことをすれば、必ず自分に跳ね返ってきます。

第二に、それゆえ誠実に生きるべきだということです。

行動の判断軸を、肩書きや立場といった自分の「外」に依拠するのではなく、自分の「中」の人間性にこそ求めるべきです。裸の自分で、内なる声を聞きながらその都度行動するのです。結局それ以外、できることはありません。

失敗から得た教訓が、こうして後半生の準備運動になってくれます。後半生は、肩書きや社会的地位が消えていく時間です。善く生きる。そのための時間なのです。

自己効力感はバランスが大事

善く生きる。その上で自己実現を目指していく。それができれば、人生いうことありません。では、自己実現についてさらに掘り下げてみたいと思います。

手掛かりにするのは、マズローの「欲求五段階説」という有名な心理学の理論です。

マズローの説では、人間の欲求には段階があり、低次の欲求が満たされる毎に、より高次の欲求が生じると説明されます。

第一段階が「生理的欲求」、第二段階が「安全の欲求」、そして「社会的欲求」「承認欲

2-11　マズローの「欲求五段階説」

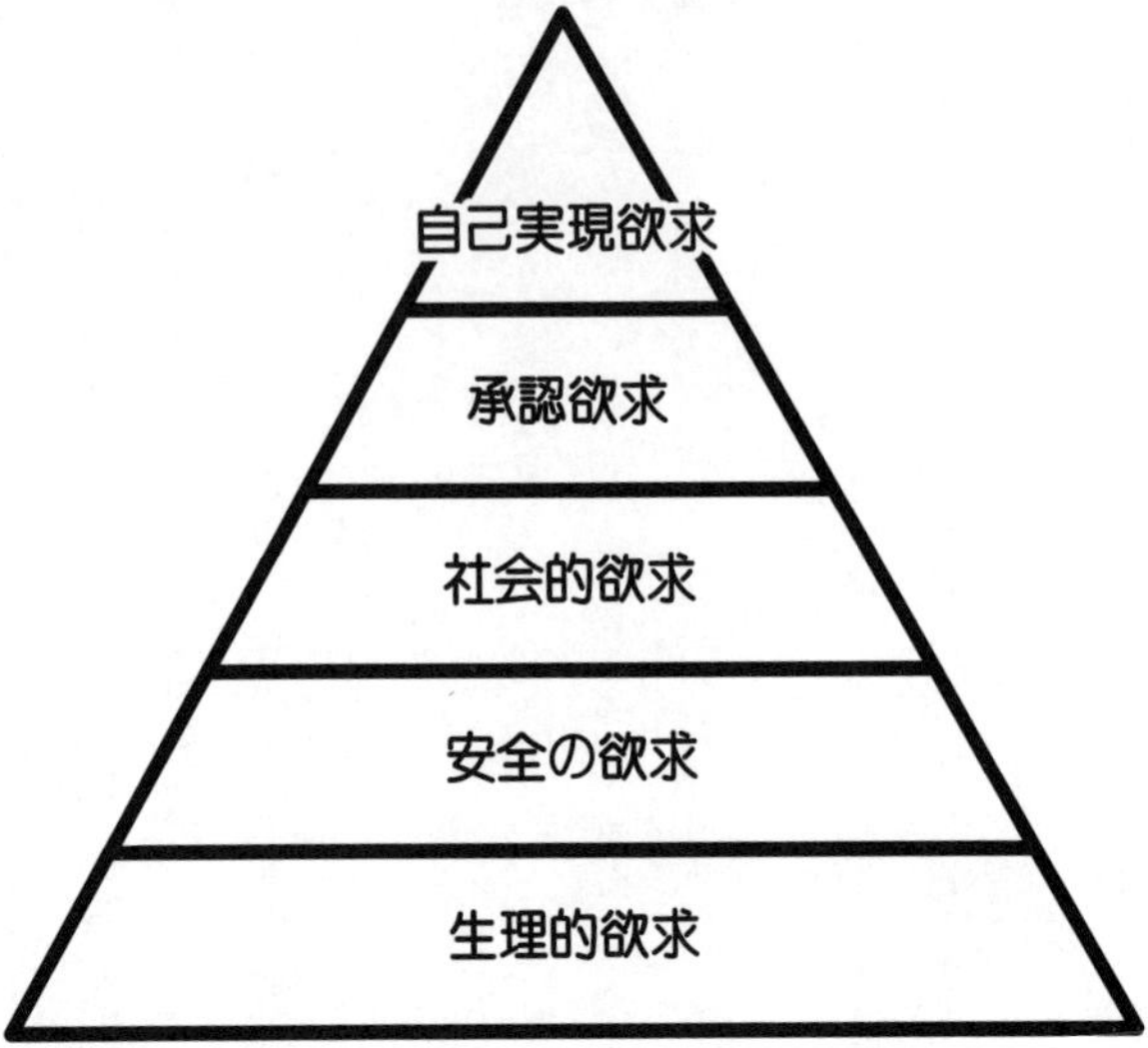

求」「自己実現欲求」と次第に高次になっていきます（図2-11）。

確かにその通りです。トイレに行きたくて仕方がないときには、会社の悩みごとなんて忘れています。生理的欲求が満たされないと、社会的欲求まで頭が回りません。そして一段階から四段階までの欲求が満たされてこそ、「自己実現」という最上位の欲求に辿りつけるわけです。

ここで思考実験をしてみましょう。

次の二つの選択肢がある場合、あなたはどちらを選択するでしょうか（物理好きの私に免じて理系の話題にさせてください）。

1　アインシュタインを超えるノーベル賞級以上の理論を発見したが、事情があって公に発表できず、そのまま誰にも知られず埋もれてしまった。

2　日本の学会で優秀賞レベルの発見をし、学会のメンバーから一目を置かれる存在になった。

1は、自分の能力を最大限発揮して、誰もができないことを成し遂げており、大きく自己実現を果たしたと言えます。しかし、他人からの評価はありません。2は、ノーベル賞に比べると中程度の業績ですが、周りからは認められます。

必ずしもみんなが1を選ぶわけではなく、2を選ぶ人も多いのではないでしょうか。

極端に言えば、1は、自己実現はしても承認はナシ。2は、自己実現はほどほどですが、

2-12　自己実現と承認の不可分性

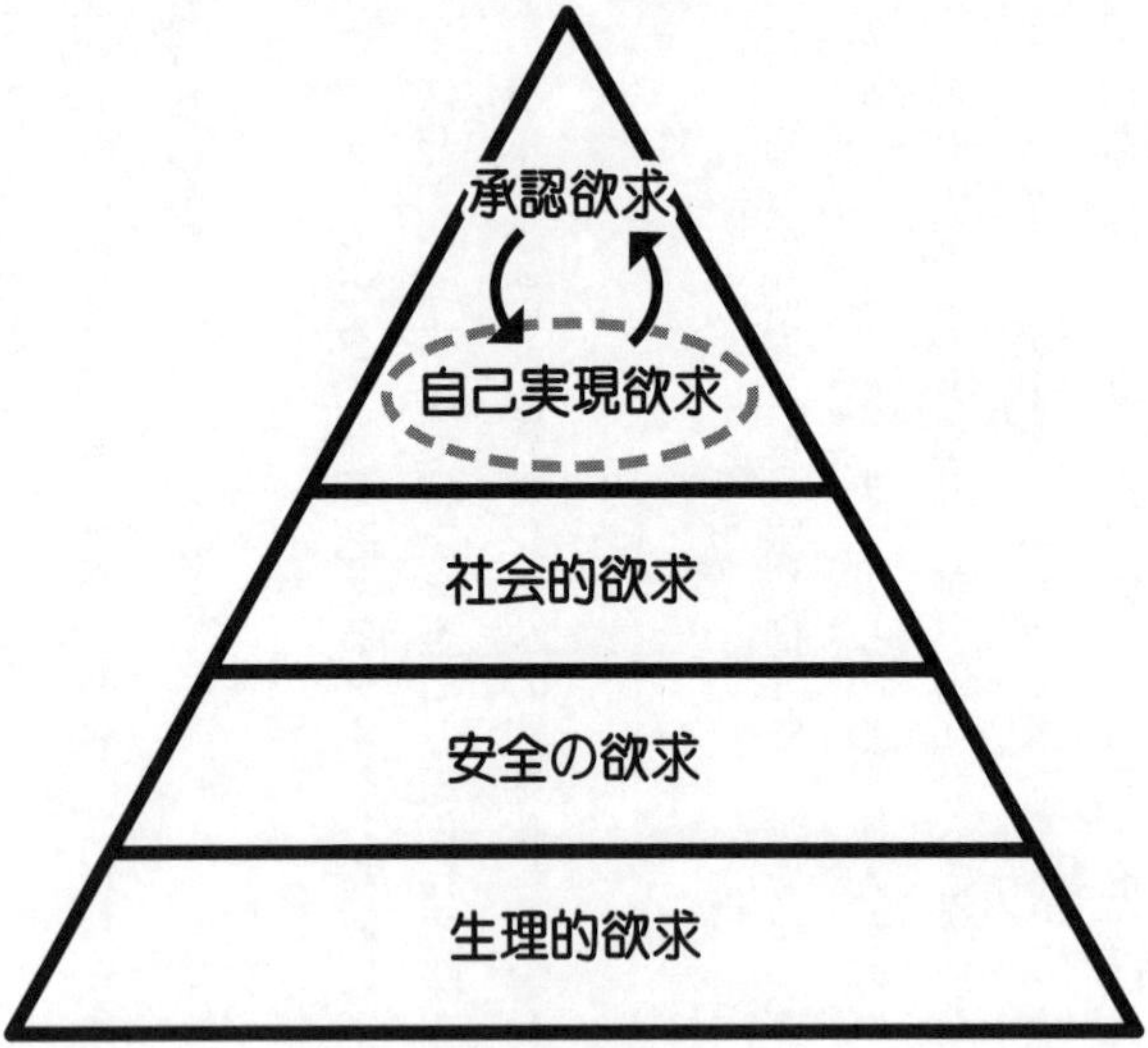

承認はされている状況です。

このように考えれば、「自己実現」と「承認」は切っても切れない関係にあることがわかります。要するに、承認を伴わない自己実現にはあまり意味がなく、承認されることが自己実現を支えることになるのです。図にすると、上のようになります（図2－12）。

コンサルティング会社に出戻ったとき、私は「コンサルティング会社の共同経営者で

「あるパートナーになる」という自己実現を目指したつもりでした。ただし、パートナーの仕事の大半は営業です。物理学者を夢見ていた人間にとっては最も苦手な仕事です。

　おそらく私が目指していたのは、パートナーになるという自己実現ではなく、コンサルタントのキャリアの一つの終着点である「パートナーになったあなたは凄いよね」、「クライアントや社会に役立っている人になれたよね」という周りからの承認だったのでしょう。素直に認めます。そして思うのです。自己実現ですら、周りの「承認」という相互作用を通じて形づくられていくのだと。

　要は、バランスです。他者の承認を求めすぎると、いつしかナンバー・ワンの無限競争に入り込んでしまう。孤塁を護り、ストイックになりすぎると達成感を見失ってしまう。ですから、まずは自分で自分の現状を受け入れ、それがどのような効力を発揮しているか見つめることが重要です。

　経営組織論でよく使われる言葉に、「自己効力感」があります。英語では、**セルフ・エフィカシー**。文字通り「自分は役に立っている感」ですが、そういった感覚を大事にすべきだと私は考えます。

そして後半生における「承認」とは、身近なコミュニティーからの感謝ではないでしょうか。顔の見える人、気の置けない人からの「ありがとう」で十分満足できるようになったとき、人はもう一段階成熟したと言えるのではないでしょうか。

「マズローの欲求五段階説」においても、前半生と後半生の相転移を反映し尚且《なおか》つそれを実践できれば、生涯を通じた自己実現につながることは言うまでもないでしょう。

自分らしく「どうありたいか」、そしてそれを「どう実現するか」について、ここまで述べてきました。矛盾することもいくつか言いました。

「計画」も大事。「創発」も大事。

「自己実現」も大事。「承認」も大事。

これらは相矛盾するようですが、やはりどちらも大切なのです。相転移を挟んだ前後の時期においては、特にそうです。

しかもこれから先、私たちはますます大きな選択をし続けなくてはなりません。定年や第二のキャリア、病気の治療や介護、それぞれが絡み合いながら日常生活に影響を与えてきます。困ったことにその多くが、こちらを立てればあちらが立たず、といった難問ばかりです。

次章では、こうした複雑な現実を前提にしながら「選択の質を上げるためにはどうすべきか」について考えていきたいと思います。

第3章

図解でより良い選択を導く

13 モデレイト思考　好い加減の尊さを知る

「長短」「正負」の思考の二軸

米国の作家スコット・フィッツジェラルド（1896〜1940）が、次のような言葉をエッセイに残しています。

「第一級の頭脳の持ち主であるかどうかは、同時に頭の中に二つの相反する考えをもちながら、きちんと行動できるかどうかで判別できる（The test of first-rate intelligence is the ability to hold two opposed ideas in mind at the same time and still retain the ability to function.）」（"The Crack-Up"より／訳文は『戦略サファリ——戦略マネジメント・コンプリートガイドブック（第2版）』ヘンリー・ミンツバーグ他著／齋藤嘉則監訳／東洋経済新報社／2012年）

ここで言う「行動」とはまさしく「選択」であり、人生とは選択の連続です。仕事もプライベートもそこに違いはありません。「今日の昼ごはんは何にしようか」といったささやかなものから、転職や辞職のような大きなものまで、己の意思決定が人生を創っていきます。

「できる限り良い選択をしたい」

誰もがそう思うのは言うまでもないでしょう。

そこで、一旦立ち止まりましょう。良い選択をするためには、まずは自分の思考のクセを知るのが大事です。質を上げるためには、現状をありのままに理解することから始めるのが肝心です。

大きく分けて、思考のクセには二つの軸があります。一つは「長短」、もう一つは「正負」です。

「長短」は、物事を長い時間軸で捉えるか、短い時間軸で捉えるか、です。これは「全体を俯瞰する」のが好きなのか、「個別を注視する」のに関心があるかの違いでもあります。

たとえば、カーナビゲーションシステム。これまでいろんな人のカーナビの使い方を見てきましたが、大きく二つに分かれていました。

一つは、現在地から目的地まで一望できるくらいに地図を縮小する使い方です。常に自分が今、全体のどのあたりにいるのかを把握できる俯瞰図ですね。そして細かな進路変更が生じた場合のみ、その都度現在地にフォーカスするようなタイプです。

もう一つは、常に現在地を大きく映しながら、目先の道順を拡大地図上で追っていく人。極端に言えば、カーナビ上の車と実際の自分を同時進行させていくようなタイプです。

私はと言えば、前者です。全体を俯瞰しながら、適宜状況判断をするほうでした。

そんな思考のクセが、計画好きの原点でもありました。「おでん図」や、「中期計画」に「年次計画」。さらには「月次計画」「週次計画」もつくって、日々の自分をコントロールする。そんな全体と目先を行き来する思考のクセが仕事の上でも役立ち、「相転移」をまたぐ上でも効果があったのは事実です。

しかし、後半生は必ずしも同じではありません。遠い将来のキャリア形成を念頭にギラギラする必要はないのです。今日や明日だけを考える、と言えば極端すぎるかもしれませんが、数十年単位で目標を掲げる必要はなく、むしろ1年あるいは2~3年程度のタイムスパンで物事を捉え（先ほどの中期、年次程度）、その上で日々に集中する。そうすることで、漠とした後半生にいくつものドラマが生まれてくるのはここまで述べてきた通りです。
二つ目の「正負」は、物事をポジティブに見るか、ネガティブに見るか、という思考のクセです。

私は主たるキャリアがコンサルタントであったため、物事をどうも批判的かつネガティブに見る傾向が強いようです。しかし今を充実させる観点からは、こうしたネガティブな発想は、はっきり言って損なのです。私の場合、物事をよりポジティブに捉える努力が必要だと自覚しています。

ただし、ポジティブすぎるのも考えものです。なぜなら、明らかに知力・体力は衰えていくし、自分で責任が取れるリスクも限界があります。それゆえ後半生は、あまりにネガティブでもなくあまりにポジティブでもない、という中間が適切だというのが私の考えです。

つまり、程よい時間軸（1～3年程度）、程よい前向き感から成る「中庸」がベストだということです。

中庸を英語にすると「モデレイト」。物事を、良い意味で「適当」「好《い》い加減」に捉える思考が大事になります。「適当」「好い加減」は、もともとは良い意味らしく、辞書で調べると次のように書いてありました。


「適当」＝ある状態や目的などに、ほどよくあてはまること。

「好い加減」＝よい程あい。適当。ほどほど。（『広辞苑　第四版』岩波書店）

ほどほど（笑）。ここが難しいところなのです。

そこで、図でチェックタイム。

あなたの思考のパターンは、次ページの図３－１のどこに位置付けられますか？

自分の思考のクセを把握して、その逆方向にバイアスをかけ、適度な温度感、好い加減のモデレイトを目指してください。合言葉は、

「中庸、中庸、中庸……」

3-1　「好い加減」の思考態度を持つ

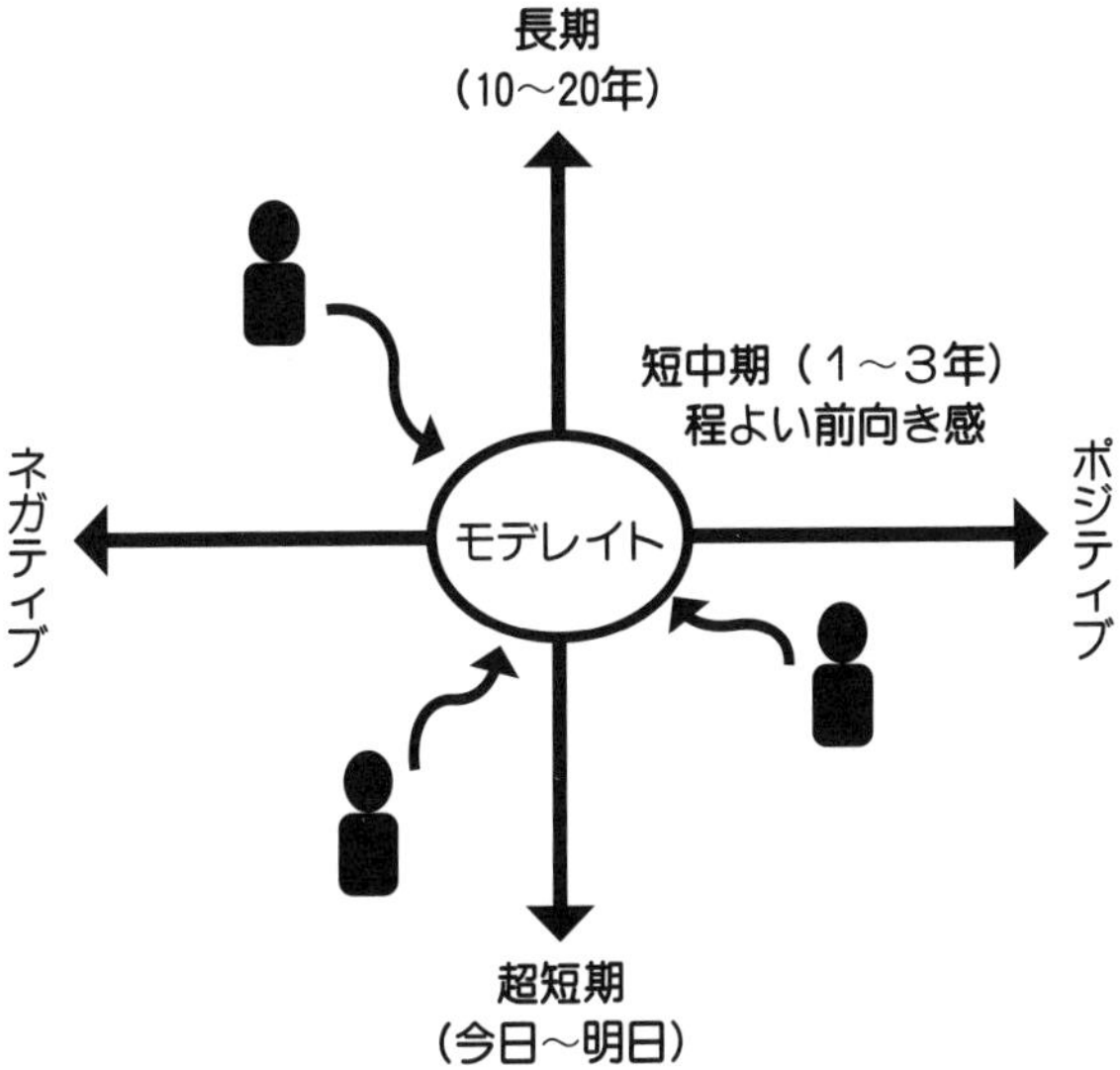

三回唱えるクセをつければ、長年のクセも解きほぐれてゆきます。

リカバーできないリスクは回避

それにしても今の世は、ポジティブ礼賛時代。「ポジティブすぎるのはいかがなものか」なんて言うと、すぐに反論されそうです。

しかし、忘れてはならないのは「リスク」です。「禍福はあざなえる縄の如し」とはよく言ったもので、ポジティブにチャレンジする際には、必ずリスクが伴います。そのリスクを正しく把握することが、後半生ではますます重要になります。

若い頃は大きなリスクも取れました。時間という資源がたくさんあったからです。軌道修正やリカバリーの自由度を保証してくれるのが、時間という資源です。この資源は、後半生において最も希少になるのも繰り返し述べてきた通りです。

「若い頃のようにはいかない」

「なぜなら、人生に残された時間は限られているから」

その自明の理を素直に受け入れ、リスクを伴う選択には冷静に臨むべきです。

その際、私に具体的なヒントを与えてくれたのも、やはり経営学でした。かつてMBAで学んだ「意思決定の科学」です。これは、「期待値/リスク」をベースにしながら、ディシジョン・ツリーという手法で「より望ましい意思決定の方法」を教える科目でした。

では、ディシジョン・ツリーを紹介しましょう。

「早期退職して事業を始めるケース」を例にして説明します。自分の事として想像しながら読み進めてください。

このケースの主人公はあなたです。

今、早期退職をすれば、割り増しされた退職金の4000万円が入ります。その半分の2000万円を元手に独立して何か事業を始めるとします。成功の確率は五分五分、5年程度で、うまくいけば8000万円稼げて、失敗すれば元手の投資分がまるまるなくなってしまう、としましょう。

もし今後5年間の年間の生活費が400万円だとすると、5年後の金融資産の期待値は、(4000万円-2000万円)×50%+(4000万円-2000万円+8000万円)×50

％－４００万円×５年という計算式になります。数値は、４０００万円。これが期待値、すなわち起業目標額になります。

一方、退職せずに今の会社で５年間働き続けると、年収と退職金合わせて５０００万円だった場合、５年後の金融資産は、５０００万円－４００万円×５年＝３０００万円になります。図に表すと、次ページの３－２の通りです。

比べてみましょう。期待値に即して意思決定するのなら、４０００万対３０００万ですから「早期退職して独立」という選択になります。しかしその選択には、「もしも事業に失敗したら、５年後の金融資産はゼロ円になる」というリスクも含まれます。これは由々しき事態です。５年後、ゼロからリカバーするのはかなり難しいことでしょう。

このように考えると、後半生で重要視すべきことは、「リスク許容度」です。期待値ではなく、リスクを抑える戦略の重要性が増すわけです。要するに、投資金額を小さくして、その分、儲《もう》けも小さな形を選択すべきだということです。たとえば、図３－３（１４６ページ）のような可能性がある事業であれば、失敗しても１５００万円は手元に残るわけで

3-2　ディシジョン・ツリー：リスク大のケース

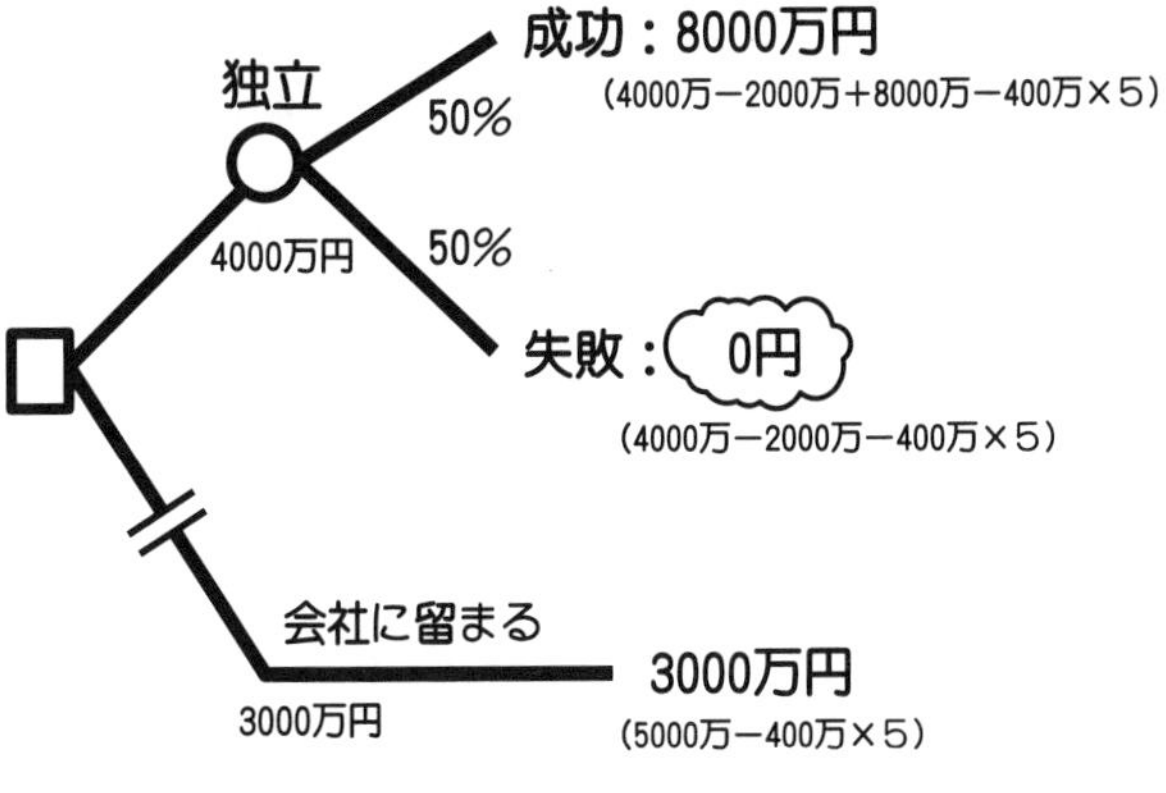

3-3　ディシジョン・ツリー：許容可能なリスクのケース

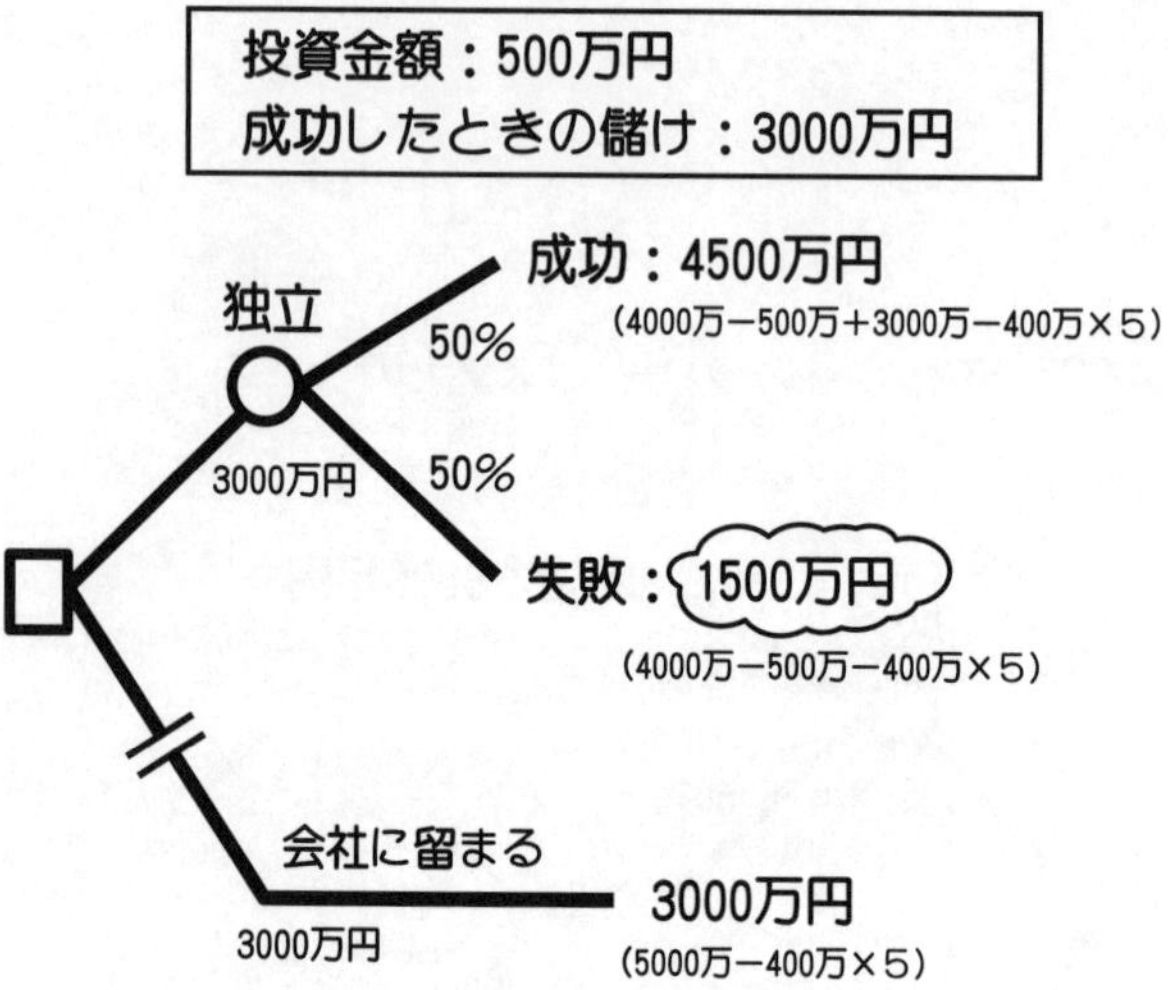

すから、独立も視野に入ってきます。

これが、ディシジョン・ツリーの効能です。もし、早期退職をして独立を目指しているのであれば、ディシジョン・ツリーを描いて5年先の状況を可視化してみてください。

14

トレード・オン思考　トレード・オフからトレード・オンへ

二律背反を超えた両立を目指す

前節のケースでは、「早期退職して独立」と「生活基盤を守る」の双方を満たす解決策を考えてみました。いわば、リスクを減らして起業する、という筋書きです。

とはいえ、このような展望はやや甘い見通しです。多くの場合、こちらを取ればあちらが立たず、あちらを取ればこちらが立たず、というのが現実です。ビジネス経験においても、コストを取ればサービスが低下し、サービスを優先すると儲からなくなる……そんなジレンマで悩むことも多かったのではないでしょうか。これはトレード・オフの問題です。そして、トレード・オフの選択が、状況を悪化させてしまうこともあります。

具体的に説明します。

ビジネス界でよくある話ですが、売り逃しを防ぐために、在庫を多く持たないといけないと考えて在庫を増やす。すると結局、売れない商品の在庫だけが溜まり、売れる商品の在庫がないという状況に陥ってしまう……。これは、安直なトレード・オフに飛びついたことによる業態悪化です。つまり、売り逃しを防ぐことを優先するあまり、大切なオペレーションの質が落ちて、在庫が増えてしまったのです。

どうすればいいのでしょうか。

最初に取り組むべきは、「在庫を減らす」ことです。つまり、現状では売れない在庫があるわけですよね。ですから、まずはそれを減らす（在庫↓小）。そのためには在庫を減らしながら、売れない商品と売れる商品の動きをしっかりと見極める必要性が生じます。そのうちにオペレーションの質が向上し、売れる商品の在庫が手元に残り、結果的に売り逃しがなくなる。こうして、トレード・オン（在庫↓小、売り逃し↓小）の状況を手に入れることができるのです。実際、コンビニなどのPOSを活用したマーチャンダイジングの仕組みや、トヨタの「ジャスト・イン・タイム」の生産システムは、この構造に則《のっと》っています。「必要なものを必要なときに」という発想で在庫を減らし、結果的に売り逃しを減らすというトレード・オンの仕組みです。

先述のスコット・フィッツジェラルドの言葉を思い出してください。
本質的な課題解決のためには、二項対立であるトレード・オフを一旦見直し、トレード・オンを創ろうとする**トレード・オン思考**が有効になるのです。

トレード・オン思考は、バックキャスティング思考とも相通じます。
というのも、トレード・オンの道を探るためには、「振り返って考える」逆算の発想が必要だからです。コンビニの場合は、生産者側の都合ではなく、消費者側の都合からの逆算的発想です。商品を「在庫＝生産側」ではなく、「必需品＝消費者側」と考えた結果、突破口が生まれたのです。つまり、在庫から売るのではなく、売れるものの在庫を持とうということです。トヨタの場合は、前工程でつくったものを、後工程で使うのではなく、後工程で必要なものを、前工程でつくるという振り返りの発想です。図にすると、次ページのようになります（3－4）。

トレード・オン思考は、日常にもおおいに役立ちます。選択の質を上げてくれるからで

3-4　逆引きでトレード・オン

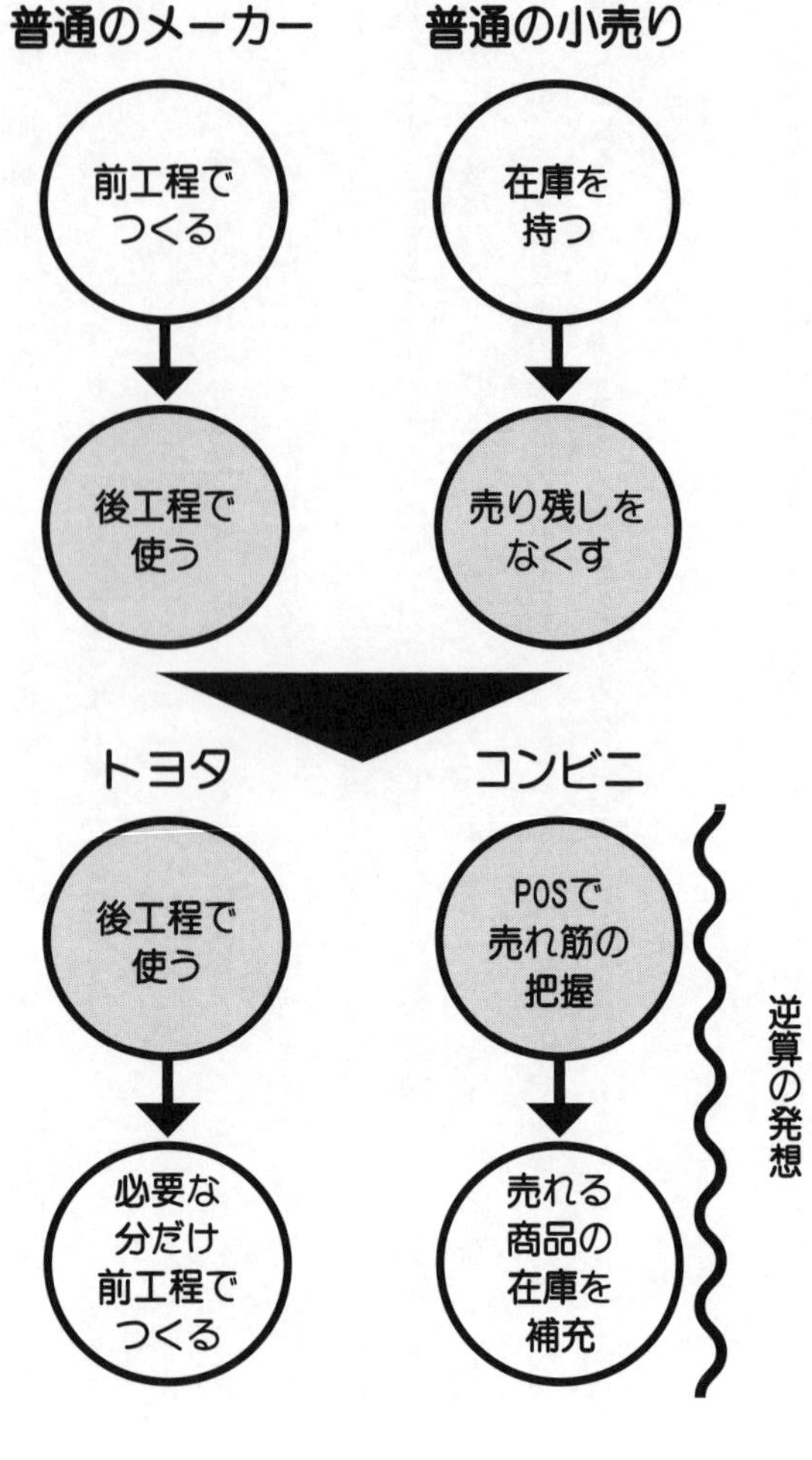

す。ひいては、後半生の質を向上させてくれることにもつながります。

トレード・オン思考を鍛える手段は、次の三つです。

①アウトプット先行化

一つ目は、アウトプットする姿勢です。

たとえば現在、日常の仕事が忙しく、なかなか将来に向けた自分資産の蓄積ができないのが悩みだとします。

そこで発想を転換させます。その悩みは悩むに値することか？　と（ですから、悩みは往々にしてチャンスに変わります）。どんな答えが頭に浮かびますか？

「私たちは、自分資産をつくること自体そのものを目指して生きているわけではない」

「自分資産はあくまでもツールである」

「本来の目的は、そのツールを利用して、生活を向上させ、周りに貢献し、充実した日々を生きること」

その通りです。本来の目的は、「人生を充実させること」。

だとしたらなぜ、先述の例の「在庫を積み上げる」ように、「インプット」を積み上げることに固執するのでしょうか。

そうではなく、逆から考えるべきです。バックキャスティング思考で、どんどん「アウトプット」すればいいのです。「インプットが溜まったら、アウトプットする」ではなく、「アウトプットするために、インプットする」と考えたらどうでしょう。呼吸で喩《たと》えれば、「吸う」ではなく「吐く」。あくまでも「吐くために吸う」という感覚です。少しずつアウトプットしながら、そのためのインプットを見出していけばいいのです。図にすると、次ページのようなことです（3－5）。

私自身もこれまで、「本を書く」というアウトプットを自分に課して、そのために必要なことをインプットしてきました。また、博士号を取ることを決断し、否が応でもインプットせざるを得ない状況をつくり、独学独習にとことん励みました。

前半生のゴールは往々にして他人が与えてくれますが、後半生は独り舞台のようなもの。課すも自分、課されるのも自分。独りで何役もこなさなければなりません。ですから、インプットとアウトプットを上手に利用してしまえばいいのです。

3-5　こまめなアウトプットを心がけよう

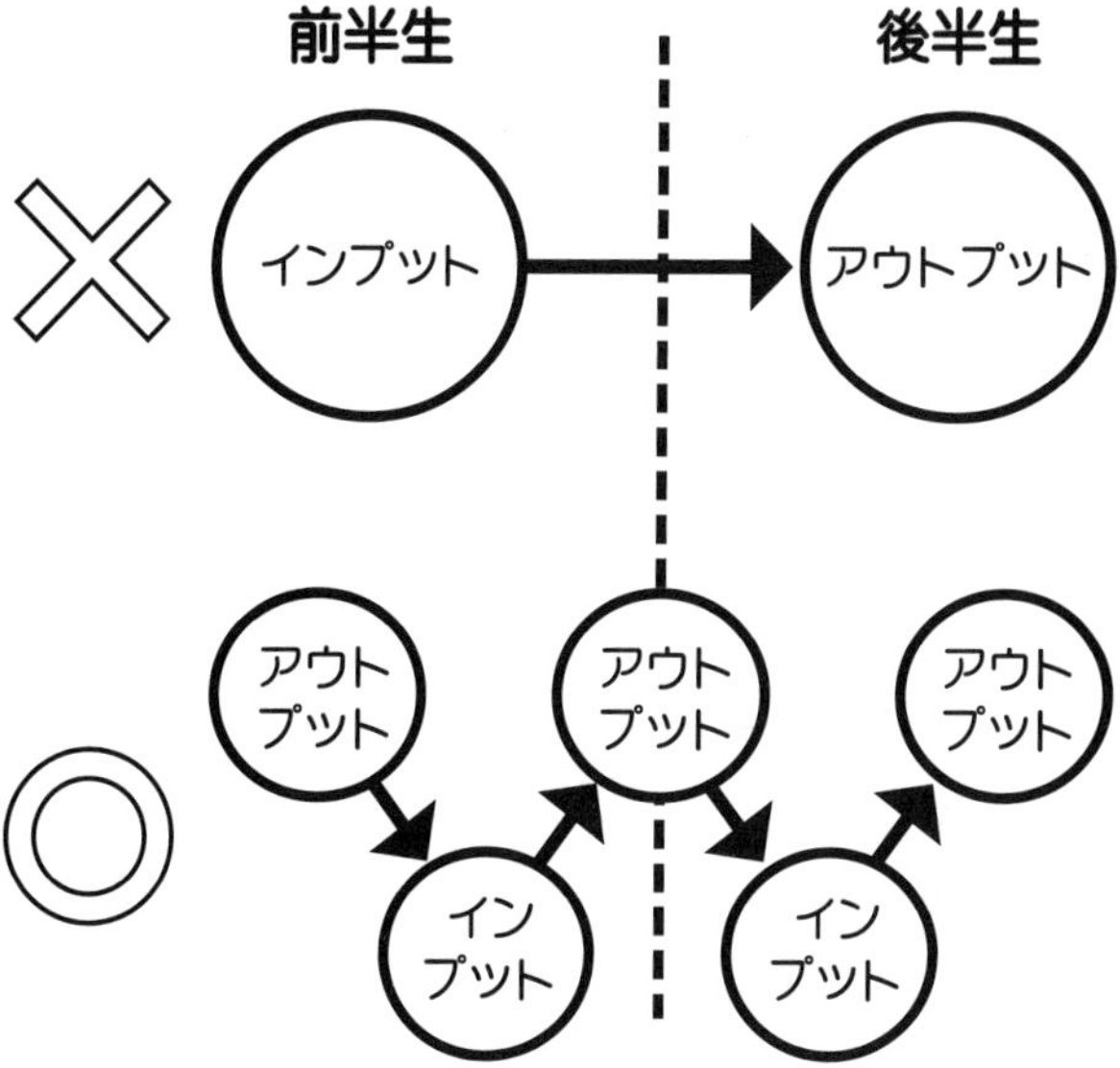

たとえば、コミットメント。「公約」や「言質」のことですが、他者に対するコミットメントが自己に対するアウトプットの圧力となり、同時にインプット作業の推進力にもなります。ですから、自己の目標を常に宣言するような習慣を持てば、不思議と自然に意味のあるインプットが増えていきます。インプットは必ず実利をもたらしてくれますから、結果的に「仕事にも役立つ」というトレード・オンの状況を生み出してくれるのです。

最近では、さまざまな情報発信ツールもあります。構えずにアウトプットできる場も広がるばかりです。「まずは入念な準備をしてから」ではなく、呼吸のように日々アウトプットするのを心がけるだけで、インプットの質・量が格段に向上します。

②課題の抽象化

二つ目は、問題となるテーマの抽象度を上げ、その本質を見極めることです。課題の抽象化です。

思考実験をしてみましょう。

都心近郊の郊外にあなたは住んでいます。久しぶりに奥さんと二人で、外食に出かけようとしているシーンを想像してください。

「久しぶりだから、足を延ばして都内で美味しい和食を食べたい」と、奥さん。あなたは心の中でそっとつぶやきます。

「近くで済ませようよ。それに仕事の会食はいつも和食なんだよね……」

そのまま口に出せば、当然揉めるでしょう。「和食か」「和食以外か」の二項対立ばかりでなく、都心に出るか出ないかで大ゲンカになってしまうかもしれません。お互い、正直な気持ちを言っただけなのにと解《げ》せない気持ちの言い合いです。そんなの不毛ですよね。

そこで、奥さんの気持ちの裏側を深く考えてみます。

奥さん→いつも家で食事をしているので、久しぶりの外食はどこか雰囲気の良い場所で、贅沢な料理を楽しみたい。

一方、あなたはどうでしょう。

あなた↓せっかくの休日は和食以外にしたい。それに休みの日だから、できれば遠出は避けたい。

図で表すと、次ページのようになります（3－6）。奥さんにとっての望ましい答えが、あなたにとっては避けたい答え、つまり、トレード・オフの関係になっているわけです。

さっそく視点を変えてみます。対立項の抽象度を一段上げて特性を探るのです。そうすれば、課題の本質が見えてきます。

対立項は何でしょう。

和食か、和食以外か。都内か、近場か、ですね。

そこで「和食」ではなく「料理の特性」、都内ではなく「場所の特性」というように抽象度を上げてみると、実はお互いに「非日常的な何か」を求めていることに気づけます。

つまり、双方にとっての「非日常」を模索すればそこに解がある。すなわちトレード・オンの状況をつくれるというわけです。

3－6　対立の構図：どこで外食する?

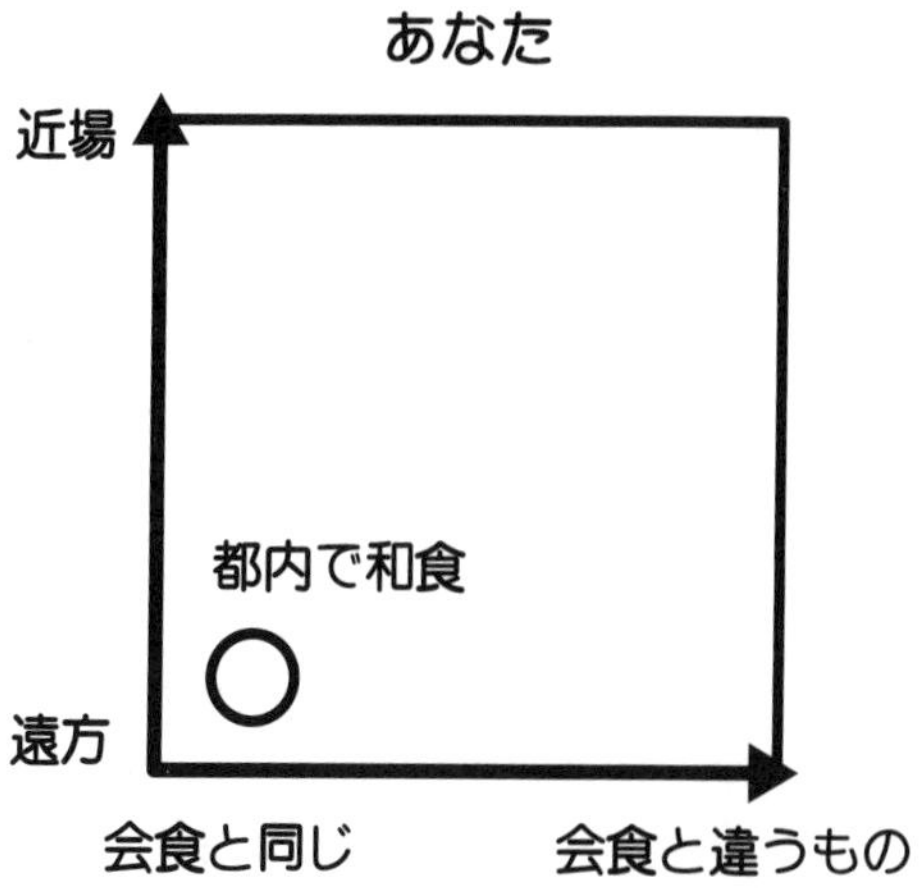

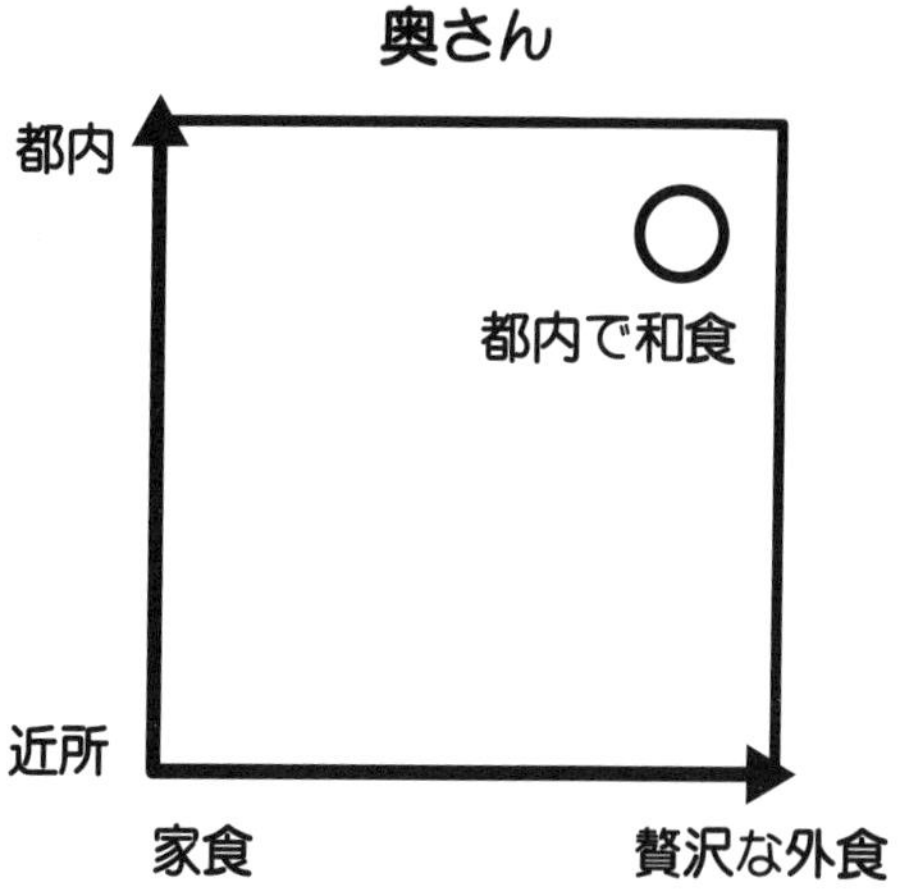

3-7　抽象化による問題解決

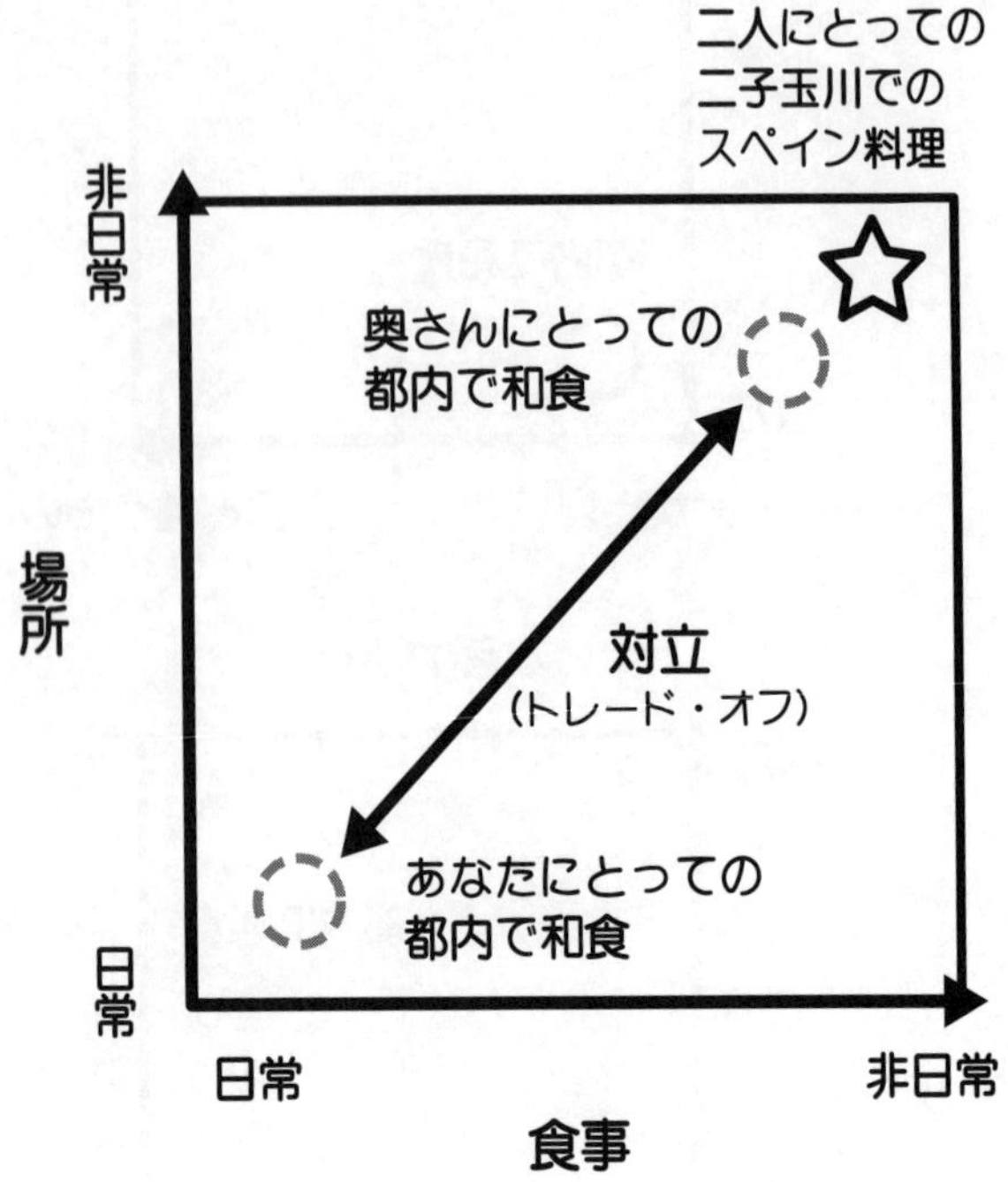

たとえば、非日常を味わう食事という観点にすれば、お互いの非日常を選択して「スペイン料理」という答えが生まれるかもしれません。場所も、普段あまり行かない所を考えれば、別に都心である必要はない。神奈川県の田園都市線を例にすれば、東京都になる二子玉川あたりはあなたにも奥さんにも非日常的な場所。ですから「二子玉川でスペイン料理」にすれば、二人ともＷｉｎ－Ｗｉｎ、つまりトレード・オンの解決策になります（図３－７）。二人の対立構造を抽象化することで、答えが見えてくるのです。

ご高齢の人生の先輩ですら、「夫婦の距離感は難しい」と口にされます。大事なパートナーと自分。いくら長年一緒に暮らしていても、お互いの優先度を保ち続けるのは生易しいことではないのでしょう。適切な距離感を保ちながらトレード・オンを模索するために、この抽象化テクニックは非常に役立ちます。図３－６から図３－７への移行のように、抽象度を上げてＷｉｎ－Ｗｉｎを生み出す習慣を、ぜひ身に付けてください。

せっかくですから、もう一歩踏み込んでみましょう。

「田の字」を組み合わせると、より本質的な理解が深まるのです。これが、図解の利点です。次ページの図3-8をご覧ください。

先ほどの思考実験をあらためて整理すると、「場所」と「料理」の二軸からなる奥さんとあなたのそれぞれの「田の字」（小さめの斜めの二つの田の字。ただ図の中に十字がないので厳密には田ではありませんが……）を二つ組み合わせたことで、右上の大きな「田の字」が形づくられていることに気づけるのではないでしょうか。

図3-8を正しく理解するために、会話には出てこなかった「近場でジャンクフード」を黒丸で図に書き込んでみました。ジャンクフード好きのあなたにとっては「都内で和食」の反対側にある魅力的な選択肢ですが、不幸なことに、これは奥さんにとっては最悪の選択肢だとします（笑）。大きな田の字のタテ軸とヨコ軸は、それぞれ、奥さんにとっての魅力度と、あなたにとっての魅力度になります。

実は、先ほどの「二子玉川でスペイン料理」は、「都内で和食」と「近場でジャンクフード」の二律背反を克服するトレード・オンの解決策だったのです。

3-8　二段階「田の字」の例

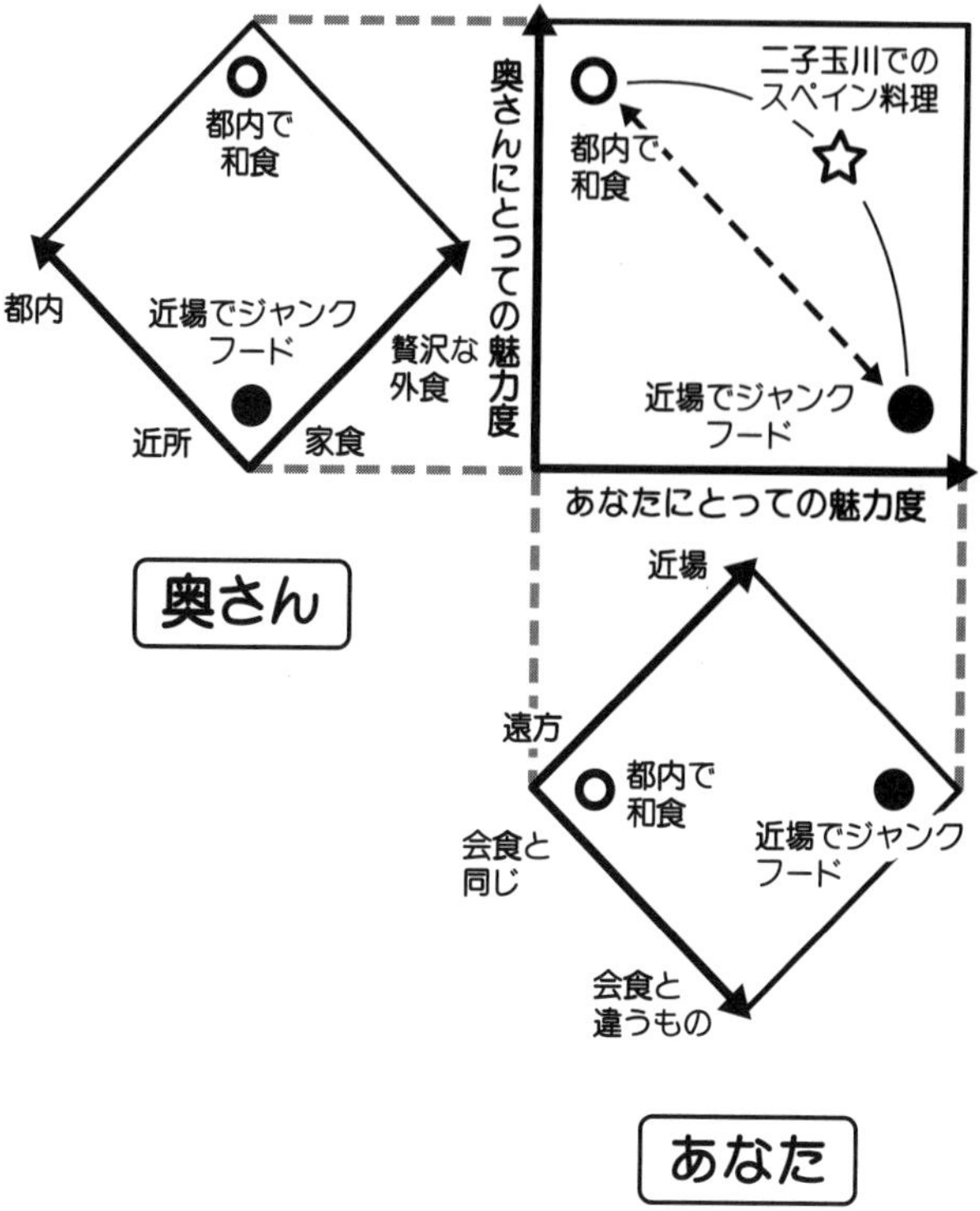
都内で
和食
都内
近場でジャンク
フード
贅沢な
外食
近所
家食
奥さんにとっての魅力度
二子玉川での
スペイン料理
都内で
和食
近場でジャンク
フード
あなたにとっての魅力度
奥さん
近場
遠方
都内で
和食
近場でジャンク
フード
会食と
同じ
会食と
違うもの
あなた

ぜひ、図3－8をじっくり眺めてください。課題の全体像が明らかになります。慣れるまでは難しいのですが、このように図と戯《たわむ》れながら訓練することで、上手な選択やレベルの高い議論を展開できるようになります。

③視野の拡大化

三つ目は、問題を見つめる視野の拡大化です。前項の応用でもあります。

ある問題の答えと思われるものが、問いの設定によって180度変わってしまうことがあります。これが正解だと思っていたにもかかわらず、問い方を変えるだけで逆転してしまう。問いの設定次第で真逆の解が生まれるわけです。このことをよくよく頭に入れておくと、さまざまな岐路で役立ちます。

思考実験をしてみましょう。次の例題は、出張先でタクシーに乗っていたときの体験から得たものです。

あなたは今、タクシーに乗っています。行き先は、クライアントの工場。そのとき、タ

3-9 問題設定で答えは180度変わる!

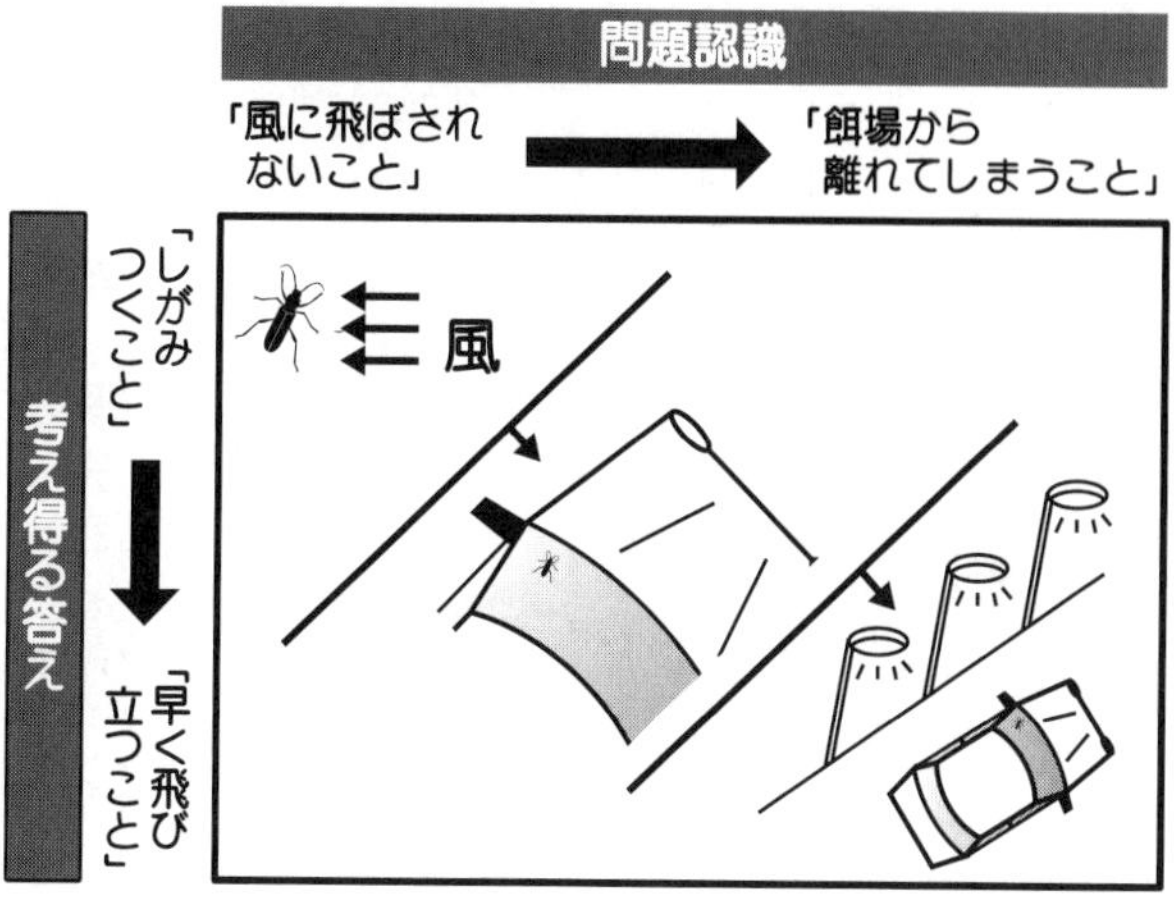

クシーの窓に一匹の虫が張り付いているのに気がつきました。タクシーが動き出すと、虫は風に飛ばされまいと必死でしがみついているかのようです。虫にしてみれば生存を懸けて、「風が吹く」→「しがみつく」ということでしょう。この場合、問いの設定は「風が吹いて飛ばされそうになったらどうするか」、答えは「しがみつく」となります。

しかしながら車の行き先は、草も池もないコンクリートだらけの工場。虫にとっては、餌も餌場もないはずです。ここでもし虫が、「餌場から離れている」と認識できたとしたらどうでしょう。「餌のない場所に連れていかれるかもしれない」→「飛び立つ」が生き延びるための解決策となります。

つまり、問いの設定を「置かれている状況の本質的な変化は何か」に拡大すれば、「しがみつかない」が答えになる。このように問題をどのように捉えるかで、答えは往々にして真逆になるのです。

日常生活でもビジネスでも、このような視野の拡大はとても大切です。

たとえば今、日本市場は少子高齢化もあり、以前のような高度成長は望めません。しかしながら、縮小均衡では解決できません。「日本市場が成熟して利益が出にくくなった」→「付加価値の高い製品に的を絞ろう」という選択も正しいような気がしますが、短期的に少し利益率が改善したとしても長期的には破《は》綻《たん》してしまいます。なぜなら、売上規模が小さくなってしまうと、結局、付加価値の高い製品をつくるための研究開発費が先細りとなり、巡り巡って付加価値の高い製品が生み出せなくなるという「悪循環」に陥るからです。「天守閣籠城」のような戦い方は、正しい戦略とは言えないのです。ここはやはり、世界市場に視野を広げ、ボリュームゾーンも付加価値製品も、その両方をうまく取り込むことを必死で目指したほうが、未来は開けてきます。

あるいは、身近にウマい儲け話があったとします。「ウマい儲け話」→「飛びつく」ではなく、ちょっと立ち止まって考えます。そんなにおいしい話ならなぜ多くの人にすでに知られていないのか、儲けの源は本当にあるのかなどと、話のメカニズムにまで視野を広げると、がらりと異なる様相が見えてくるかもしれません（そうなる場合がほとんどでしょう……）。

このように、視野の拡大化は考えを深められると同時に、物事の様相をより明瞭にしてくれます。タクシーの窓から飛び立つ虫にとっては、目の前の強風という難問を解決しつつ、餌に困ることがなくなります。日本企業の場合は、新たな成長幅を見出すと同時に、自己変革を促せます。ウマい儲け話の場合は、損失を避けながら資産形成のためのリテラシーを上げることができます。トレード・オンを実現するためには、視野の拡大は欠かせないプロセスなのです。

ここでも図解が役立ちます。困った場合は、紙一枚の上に次のような枠組みを描いてみてください（図3－10）。そして、見つめてください。枠を描いて睨《にら》むことが強制的にあなたの視野を広げ、自分との対話を促し、必ずやより良い答えに導いてくれるはずです。

では、本章で述べてきた二つの思考をおさらいしてみましょう。

・モデレイト思考：中庸思考。程よい時間軸と程よい前向き感で物事を捉える考え方。
・トレード・オン思考：本質思考。二項対立的なトレード・オフではなく、相反することの両立を目指す考え方。

後半生においては、身の丈に合った「程よく」「中庸」な範囲で、自分が納得できることを誠実に選択していけばいいのです。もしもそんな価値観に真っ向から異を唱える他者がいたとしても、論戦を張る必要もありません。

3-10　視野拡大のテンプレート

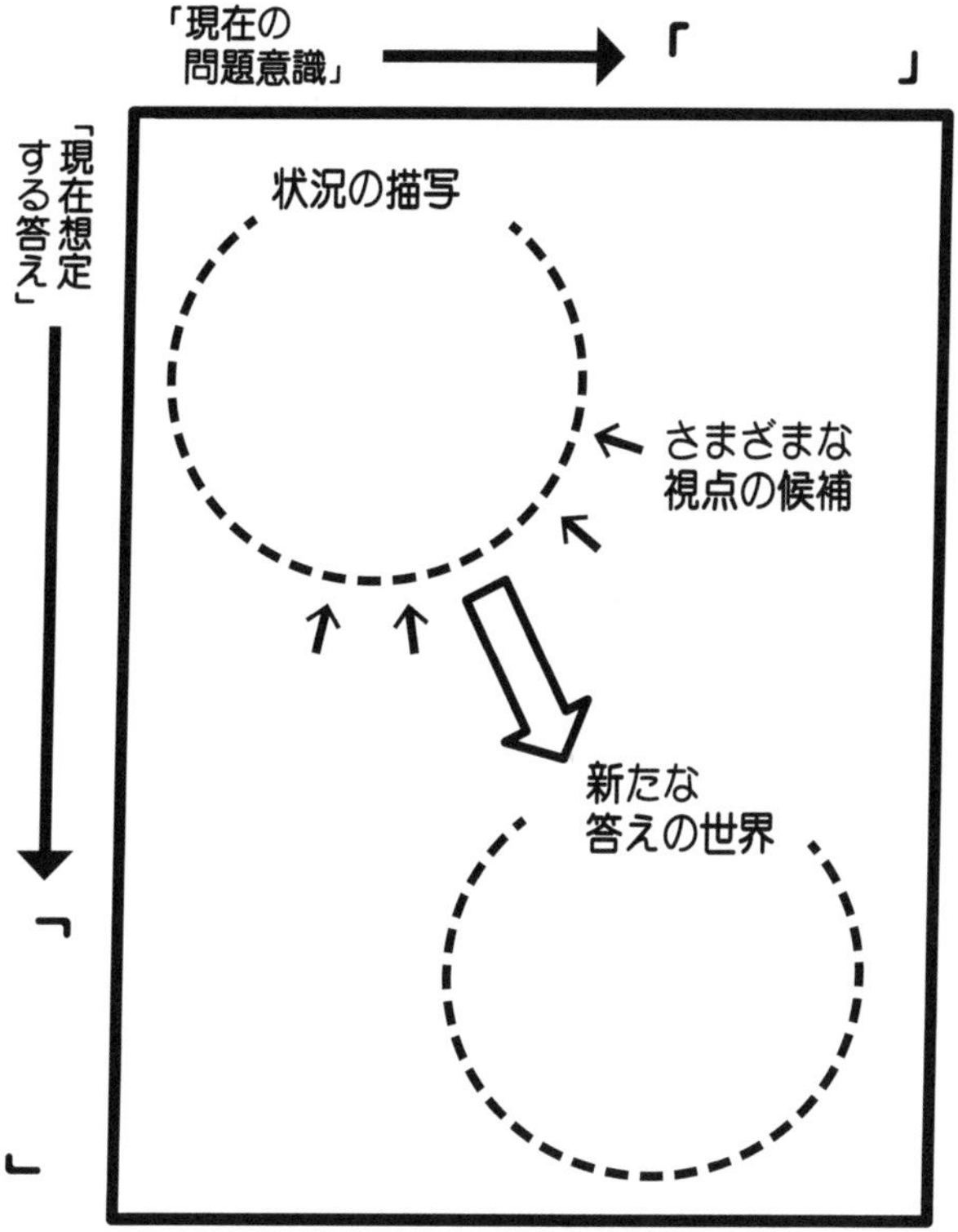

そうではなく、場を選ぶ。気にくわない場や嫌いな人とは付き合わない。後半生はそれでいいのです。そのほうが、自分自身の大事なつながりがよりハッキリと見えてきます。

その中で、真摯に現実と向き合う。それが、後半生の時間です。

第4章

図解で苦難を克服する

15

ナラティブ思考　正解を超えた物語的なアプローチ

人生とは不公平なもの

本章のテーマは「苦難の克服」です。

人生は山あり谷あり。順風満帆の旅では決してありません。時には大きな挫折に直面することもあるでしょう。想定外の苦難に直面したとき、「何を」「どのように」考えれば困難を克服できるか。それが本章の設問です。

ここまで14の思考法で「視点の転換術」について述べてきましたが、ここからはいわば実践篇です。具体的な思考法と共に、さっそく進めていきましょう。


何がどうあろうと、私たちは死ぬまで生き続けなければなりません。辛いことも悲しいことも、また、楽しいことも嬉しいこともそれらすべてと共に、です。

「幸せに、なりたい」

充実した未来を創りたい。悔いのない人生を歩みたい。誰しもがそう思っているはずです。当然です。ですが時には、どうしようもない不遇や不調に見舞われてしまう。それが人生でもあるのです。

前半生を済ませている私たちの中には、「理不尽」という言葉が人生の代名詞だと思う気持ちもあるでしょう。自然災害で被災する。突然リストラに遭う。伴侶が不治の病にかかってしまうなど、個人の力ではどうしようもありません。

かつて第35代米大統領のジョン・F・ケネディ（1917〜1963）は、「人生とは不公平なものだ」と言い切っています。

ケネディ大統領の就任期間（1961〜1963）は、ちょうどベトナム戦争の真っ只中でしたが、ある記者会見での次のような会話が残されています。

「ベトナムに派遣された兵士には多くの死者が出て、一方、平穏な西ドイツに派遣された兵士たちは家族同伴で快適な生活を楽しんでいます。大統領、これは不公平ではありませんか」と、記者。

それに対し、ケネディは応えます。

「Life is not Fair」

人生は公平ではない――。

その通りだと思います。お金持ちの家に生まれてくる子もいれば、そうでない子もいる。大病を患う人もいれば、ずっと健康な人もいる。その多くは致し方のないことです。不公平なのです。

でも、どちらが幸福なことで、どちらが不幸なのかは、誰にもわかりません。お金持ちの家に生まれたがゆえに、逆に不自由な生活を強いられ、財産争いで大変な目に遭うかもしれません。逆に、大病を患ったからこそ、健康の尊さを思い知り、その後の余生を充実したものにできるかもしれません。

あるお坊さんの講話にこんな教えがあります。二人の人物が向こうから歩いてきます。一人ずつに、尋ねます。「あなたはどこから来ましたか?」

「天国からやってきました」と、笑顔の人。

「地獄からやってきました」と、渋面の人。

ところが二人がもといた場所は、まったく同じところだったのです。

もうおわかりですね。人生を考える上で大切なことは、自分がどう捉えるか。極端に言えば、現実が何かではなく、それをどのように捉えるかなのです。お花畑でも地獄に思えば地獄になり、泥の河でも天国だと思えば天国になるのです。

「あきらめ」からの反転

とはいえ、言うは易し。実際、病気で苦しんだりリストラで収入が途絶えたりすればそんなことなど言ってられない。やけっぱちにもなるでしょう。もちろん私自身もそうでした。そんな気持ちをグッと支えてくれたのが、アメリカの精神科医、エリザベス・キューブラー＝ロス（1926～2004）の言葉でした。世界的なベストセラー『死ぬ瞬間』（1969年原著刊行）の著者として、身近に感じている方も多いのではないでしょうか。

私の場合のちょっとした工夫は、〝生きる瞬間〟にもキューブラー＝ロスの言葉を応用してみたことです。死ばかりではなく、です。

答えを先に言ってしまいます。

それは、すべてを受け入れてしまうこと。「全受容」です。

「えっ、受け入れるだけ……？」

そう思われたかもしれませんね。それだけなんです。ですが、そうすることで不思議なほどに事態が動き始めます。

ここでさっそく、精神医学者であるキューブラー＝ロスが提唱した「死の受容プロセス」というモデルを紹介したいと思います。人が死を受け入れていく心の変化には、五段階のプロセスがあるというものです。

①第一段階「否認」
不治の病だと告げられるなど、もう長くないと知らされたときに、「そんなことあるはずがない。何かの間違いだ」と受け入れられず、事実を認められない段階です。

②第二段階「怒り」
死を否認することが徐々にできなくなり、「どうして私なのか……」と怒り・激情・妬み・憤慨といった感情が生まれ、周囲に反発する段階です。

③第三段階「取り引き」

死を少しでも先延ばしするために、神様にすがったり、何か良いことをすれば救われるのではないかと考えたり、取り引きを試みる段階です。

④第四段階「抑うつ」

死を免れないことを悟り、悲しみや抑うつ、あきらめや罪悪感といった気持ちを抱き、大きな喪失感を覚える段階です。

⑤第五段階「受容」

死を、誰もが到達する運命として受け入れ、ある程度の期待を持ちながらも最後を静観し、いくばくかの平安が訪れる段階です。

（エリザベス・キューブラー＝ロス『死ぬ瞬間――死とその過程について』を参考に筆者作成）

このような死に向かうプロセスは、実は、より良く生きるためにもとても参考になるのです。

私たちは、人生の「相転移」の前後で絶対的な矛盾に直面します。二つの相反する思いを知るからです。一つはこれまで通り、成長し、成功し、昇進し、家族を養うなど目標に向かって「こうあらねばならない」という思い。もう一つは、体力が衰え、身体能力が弱まり、社会的活躍の限界も見え、やがて肩書きもなくなってしまうという「そうあることはできない」という思い。その狭間で苦しみます。「ねばならない」と「そうできない」に挟まれ動けなくなり、もがき苦しむのです。

先述のプロセスで言えば、「否認」もするでしょうし、「怒り」もするでしょう。また「取り引き」や「抑うつ」もあります。しかし、前に向かって進むためには、最終的にはすべてを「受容」するしかありません。

自分を否定もするが、受容もする。

相反する二つのどちらか一つを選び取るのをやめて、それらをあるがままに受け入れあい、いきらめてしまう。降参してしまうのです。すると、そこにはスペースが生まれます。そのスペースから何かが新たに動き出し、自然に別の風景が広がります。新しい人生が始まるのです。

「あきらめる」は、漢字で「諦める」と書きます。ふつう、「願いが叶わず仕方ないと断念する」というネガティブな意味で使われますが、この言葉の語源は、「明らむ」、つまり「明らかにする」というところにあります。

仏教の世界では「諦」という字には、「真理・道理」の意味があります。「あきらめる」とは、真理・道理に照らして、現実を明らかにし、納得して先に進むことなのです。

ぜひ、実際に試してみてください。

にっちもさっちもいかないことがある。心の中で両手をだらりとおろし、それを受け入れてみてください。ほら、あなたとその困難の間にスペースが生まれた気がしませんか。それが、「明らめ」です。大きな困難に直面したときは、「明らめ」て、その矛盾や運命をそのまま受け入れるところから心が動き始めます。いわば、「明らめ」からの反転です(次ページ図4-1)。それによって、現実が未来に向けて動き出すのです。

4-1　「あきらめ」からの反転

キューブラー＝ロス・モデル

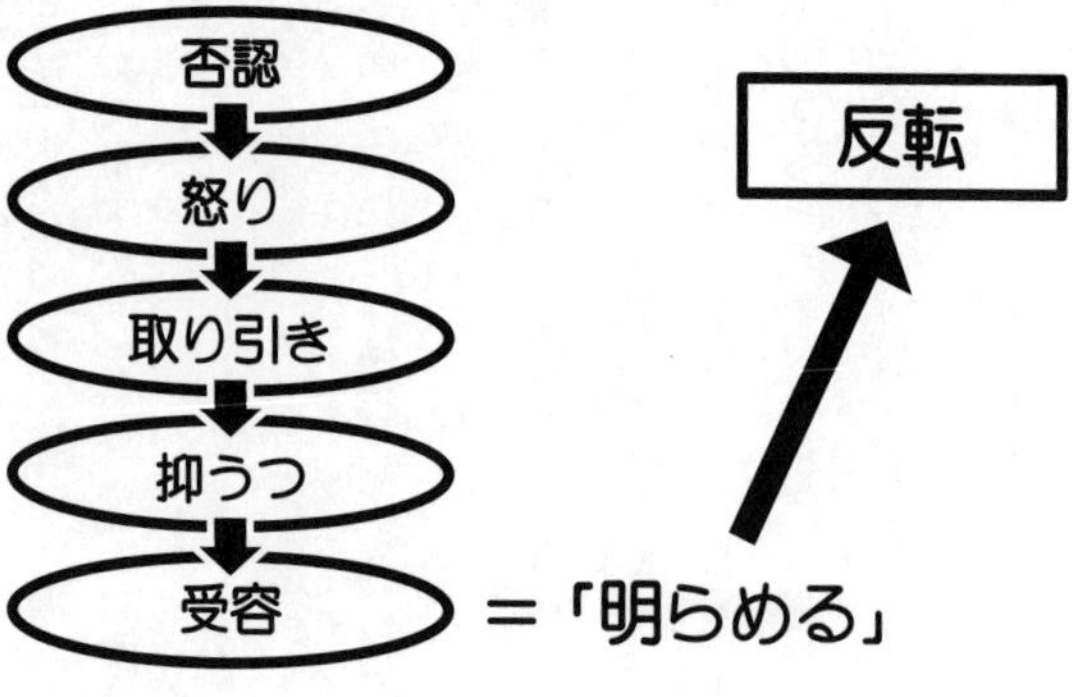

正しい説明という暴力性

そのような現実は、今まで想像もしてなかった面を見せてくれることがあります。ずっと不正解だと思っていたものが正解だったとでもいうように、真逆の表情を持つのです。

数年前のことです。経営戦略学会という組織で、「ナラティブと経営戦略」というテーマのシンポジウムが行われました。

ナラティブ・アプローチという手法を戦略論や組織論に応用し、「戦略や知識は組織のどこに存在するのか」、「人々は、組織でのふるまいをどのように知るのか」といったことを議論する場でした。

シンポジウムの内容自体は割愛しますが、ナラティブ・アプローチは、大変興味深いものでした。要素還元的な「分析」に偏《かたよ》ってしまう経営戦略論において、発想の転換を促してくれるからです。

一つひとつ見ていきましょう。

ナラティブとは、「始まり・半ば・終わりの要素が連続してつながっている一貫性のある筋書き」です。そのような物語（ストーリー）的な発想を、医療現場や組織の問題解決に適用する手法が、ナラティブ・アプローチのそもそもの出発点になります。

この考え方によると、「正しいこと」は、時として「倫理的暴力」になるとされます。たとえば、緩和ケアの医療現場で、患者に包み隠さず病状を説明して正しい理解を促進すること。これは、患者を深く傷つけ、とても大きな心的負担をもたらしてしまう可能性が大きいということです。

「正しいこと」は、必ずしも「望ましいこと」ではないのです。

緩和ケアにおけるナラティブ・アプローチでは、患者の人生の物語に固有の価値を見出し、人生の語り手としての患者を尊重し、そのストーリーを医療の中心に置くという道を選択します。

真理の数は人の頭数《あたまかず》だけある、といったことがよく言われますが、患者にとっては、自己のストーリーこそがまさに具体的な真実であり、最も重要な人生の解釈であり、生きがいなのです。それに対し、医師や看護師の立ち位置は相対的なものでしかない。そう言っても過言ではありません。ですから患者のストーリーに寄り添うことで、それを豊かにする道を探るという姿勢が大切になります。これが、医療現場におけるナラティブ・アプローチです。

経営戦略学会では、次のような例も紹介されました。終末期がん患者の多くは、「自分らしくありたい」という気持ちに収斂していく中で、病気に対する不安と周囲への感謝の間で揺れ動く気持ちが安定し、余生の充実感が高まっていくのだそうです。たとえばそれは、窓から見える季節の移り変わりであったり、限られた外出の機会に感じる緑の匂いであったりという、ささやかな変化も含まれます。あくまでも、本人にしかわからない充実感です。ですがそれこそが、がん治療に対する前向きな力になるのです。

学会での議論は、このナラティブ・アプローチを経営に応用しようとするものだったのです。それは、分析的なアプローチとはまったく異なる、物語的なアプローチと言えます。そこには、企業の個性を呼び覚ますことが、企業再生のための原動力になるという強い信念がありました。

そして同じようなことが、私たちの後半生についても言えるのです。

「明らめる」ことから出発し、「自分らしくありたい」へとつながる**ナラティブ思考**が本質的な生きる力をもたらしてくれます。

追い詰められた私の「明らめ」

私も「明らめて」、「自分らしくありたい」へと回帰することで、大きな苦難をどうにか克服できた経験があります。それは、経営コンサルティング会社のパートナーとして、数億円以上の大きな営業責任を負っていた頃のことです。

この数億円のノルマは、よくよく考えれば無茶な話です。形ある製品が事前にあるわけでもなく、しかもプロジェクトを開始する以前に数千万円から億単位の仕事を「（私たちを信じて）発注してください」、と先方に告げるのですから。

当然、私も大きなスランプに陥りました。何をやってもプロジェクトが売れないのです。厳しい世界ですから、その状態がしばらく続くようなら間違いなく職を失います。

そこでいろんなことを試してみました。真新しいコンサル手法を開発し、提案してみる。あるいは、社内に蓄積されていた海外の先進事例をふんだんに取り入れた提案をしてみる。あげくの果ては、相手の印象を良くするためにと、似合いもしないのにポケットチーフを着けたり、カフス・ボタンをしてみたり、思いつくことは何でも試してみました。でも、ダメでした。

追い詰められた私は、「明らめ」て原点に戻ることにしました。いや、戻らざるを得なかったというほうが正しいです。自分は自分。自分らしくやるしかないと。目新しい華やかな手法も、本当にはよく知らない海外の先進事例の紹介も、ポケットチーフもカフス・ボタンも、外から借りてきた借り物です。本当の突破力にはなり得なかったのです。

もともと理系で研究者を目指した自分です。実直に、理屈にこだわり、本当に自分が面白いと思える分析だけに焦点を当てて、朴訥《ぼくとつ》に思うところをじっくりと伝えてみる。そのほうがよっぽど「自分らしかった」のです。これでダメならしょうがないとも思えました。

不思議なものですね。すると、少しずつ事態が好転し始めました。再びプロジェクトを獲得できるようになってきたのです。そこで、プロジェクトを発注してくれたある顧客企業側のプロジェクト・リーダーに、恥を忍んで尋ねてみました。

「なぜ、私たちに発注してくれたのですか。決め手は何だったのですか」

返ってきた答えは、まったく予想外のものでした。

「提案書の23頁にある、過去の分析例の一枚が気に入ったのですよ。同じような分析を当社でもしてもらえれば、非常に参考になるなと思いまして」

50頁以上あるパワーポイントの提案書の中の、たった一枚の分析例の図が受注の鍵になっていたのです。

人は、他人の生を生きることはできません。自分は自分です。そんな自分の個性にこそ、その人ならではの困難を突破する力が潜んでいます。自分らしくあることこそが、後半生を切り拓く鍵になる。私は静かにそう確信しています。

16

ヒストリー思考　経路依存性から見出す自分自身

過去と未来をつなぐ自分

ところで「自分らしく」とは、そもそもどういうことでしょう。

第2章で、自分の強みや興味の根幹を突き詰め、それを活用する「パーソナル・アンカー思考」についてお話ししました。

「自分らしさ」とは何か。

実は、自分らしさを理解するのは、「パーソナル・アンカーを形づくるものは何か」を理解するのと同じです。あえて経営学用語を使えば、「自分らしさは『経路依存性』の中にある」とも言えます。新たな視点を持ち込むためにも、経営学の概念から自分自身に光を当ててみましょう。

経路依存性という論理は、もともと企業進化を説明するために生まれたアイデアです。ある企業が誕生したとします。その組織の個性はいかにして形づくられていくのでしょう。社風や社歴、さらには社員それぞれの実績に基づき形を成していくはずです。いずれにせよ、歩んできた道（＝経路）に影響（＝依存）されるのが企業文化です。そうした特徴を分析する概念として用いられるのが、経路依存性です。

たとえば、企業の個性や文化は他社が「真似しよう」としてもできるものではありません。その企業と同じ経路を辿ることが現実として不可能だからです。また、個性や文化とは数値化できない複雑なものなので、プロセスを理論化しようとしてもとても困難です。手っ取り早く真似る方法論も、なかなか見つかりません。

だからこそ、なのです。

それゆえ企業の個性は、競争優位の構築にとって重要な要素になり得るのです。たとえば、トヨタの改善する力、アマゾンの進化する力、電気機器のキーエンスの顧客ニーズを掘り起こす力。こういった力はその企業の長い歴史の中で培われたものであり、他社が同じ状況を創り出すことが難しいのです。たとえ実現できたとしても、相当な時間がかかります。その間に、トヨタやアマゾン、キーエンスといった個性の強い会社は、さらにその先を邁進《まいしん》していることでしょう。

この経営概念を、人生概念に応用すればいいのです。

要するに、人も同じだからです。これまで生きていたことのすべてが「自分らしさ」を形づくっているのに異議を唱える人はいないでしょう。

それは他人に真似されるものではありません。後半生のフェーズに移行する私たちは、これまでの〝経路〟に意識的になり、是か非か判断する。要するに〝棚卸し〟すればいいのです。延長するものしないもの、それらを点検するのが大事なのです。それは、これまでの蓄積や経験を大切にしてそこから再出発しようとする**ヒストリー思考**と言えます。

ヒストリー思考による自分らしさの理解が、これまでの楽しかったこと、辛かったことすべてに意味を与えてくれ、苦難に直面したときにも立ち向かう力を与えてくれます。

そもそも人生とは記憶そのものです。

ある映画にこんな場面がありました。それは、老人が機密情報の引き渡しを求められ、拷問されているシーンでした。

どんな肉体的な拷問にも耐えてきた老人でしたが、最後に彼は機密情報を白状してしまいます。最後の拷問は、肉体的なものではありませんでした。そうではなく、「これまでの記憶を消し去る」という精神的なものでした。

拷問者は、いくつかの写真を見せます。まだ小さかった娘と遊ぶ若かりし頃の彼の姿、孫と楽しく遊ぶ最近の姿などなど。これらをすべて消し去るというのです。記憶を消し去ることは、その人の人生そのものを消し去ることに等しいでしょう。記憶とは生そのものでもあるのです。

もう一度言います。過去と未来はつながっています。過去のヒストリーすべてが今の「自分らしさ」と、未来の可能性を与えてくれるのです。活かすも自分、殺すも自分。後半生は自分のヒストリーをおおいに味方にしながら生きるべきです。

17

サブジェクティブ思考　客観性を内包した主観性を

「主観性を取り戻す」とは

後半生は、より自由に、より自分らしく、生きていく。

では、「主観性」の面からさらに考えを進めてみましょう。後半生において、「主観性」は前半生よりも大切になるからです。いい歳をした他人の不始末から人は自然に目を背けます。後半生では誰も、親身になって我が身を叱《しか》ってはくれません。やれやれ。またか。どうしてわからないんだろう……。たとえそう思われていたとしても、それさえも言ってもらえない。後半生とはそんな時期です。

だから自分らしく生きられるんだ、と開き直ってしまえば、社会のものさしから自分がずれていくばかりです。己の尺度を大事にしながらも、矩《のり》をこえず。それが自立した大人の姿であり、自由というものです。

鍵となるのは「主客融合」です。

より具体的に言えば、客観性と主観性のバランスであり、内部に客観性を含んだ主観性の実現です。以下のエピソードは、精神科医の高橋和巳（1953〜）の著作から得た話ですが、私なりの理解を紹介します。

人は生まれたばかりの時点では、〝主観性のかたまり〟だそうです。つまり、赤ちゃんにとっては主観的な世界しか存在しません。お腹がすいても、おむつが濡れても、その場で大声で泣けば、いつの間にか空腹は満たされ、おむつは替えてもらえます。

しかし、徐々に客観的な世界の存在を知り始めます。

空腹が満たされるのは、おっぱいから出てくる温かいお乳を飲めるからで、そのおっぱいに辿りつけるのはお母さんがいるからで……と理解していく。その周りにはお父さんがいて、お兄さんがいてと、自分にとっての客観的な存在に触れ、それを一つひとつゆっくりと認識していきます。

周りの世界がどうなっているのか、自分との関わり方はどのようなものなのか。そんな客観的な世界に対する理解・解釈が完成するのはいつ頃だと思いますか？　驚くなかれ、実は30～40代。人生の中盤頃なのだそうです。

そこから先には二つの道が延びています。

一つは、惰性の道です。どうせ自分ではどうにもならない客観的な世界があるのだから「何をしても同じ」と考え、精神の発達が止まってしまう道です。それは、客観的な世界の理解・解釈の枠内に留まってしまうことに他ならず、自分らしさを発揮する場はありません。その後の日々は繰り返しの連続、「人生とは辛いもの」だという認識も当然生まれてきます。

もう一つは、一歩踏み込む道、再生の道です。待てよ、そもそも自分は、限りあるたった一度の人生を生きるユニークな存在だったはずだ……。そう思い直し、主観性を取り戻す旅を今一度始める挑戦の道です。

「主観性を取り戻す」と言っても、赤ちゃんのように主観性だけの世界に逆戻りすることではありません。周りの客観的な世界を包み込むような主観性の構築であり、心の成熟へと向かう新たな生き方が生まれてきます。

本来はどうすることもできない客観的な世界の存在を認めつつ、その世界をも主観的に味わおうとする。図にすると、次ページのようになります（4-2）。

この矛盾する要素を自分に内包できたとき、赤ちゃんがそうであるように、何の疑いもなく自信と確信を持って、自らの人生を主張することができます。同時に、世の中との関わりを壊すことなく、変わるはずのない世の中に影響を及ぼし始めることさえできるようになるのです。

このような客観性を内包した主観性を大事にする考え方を、**サブジェクティブ思考**と私は名付けました。

第1章の図1-1（24ページ）の中央に、あなたは何を書いたでしょうか。

それをもう一度確認してください。それが「自分らしさ」です。それと共に主観的に歩む旅路が、まぎれもないあなたの後半生です。

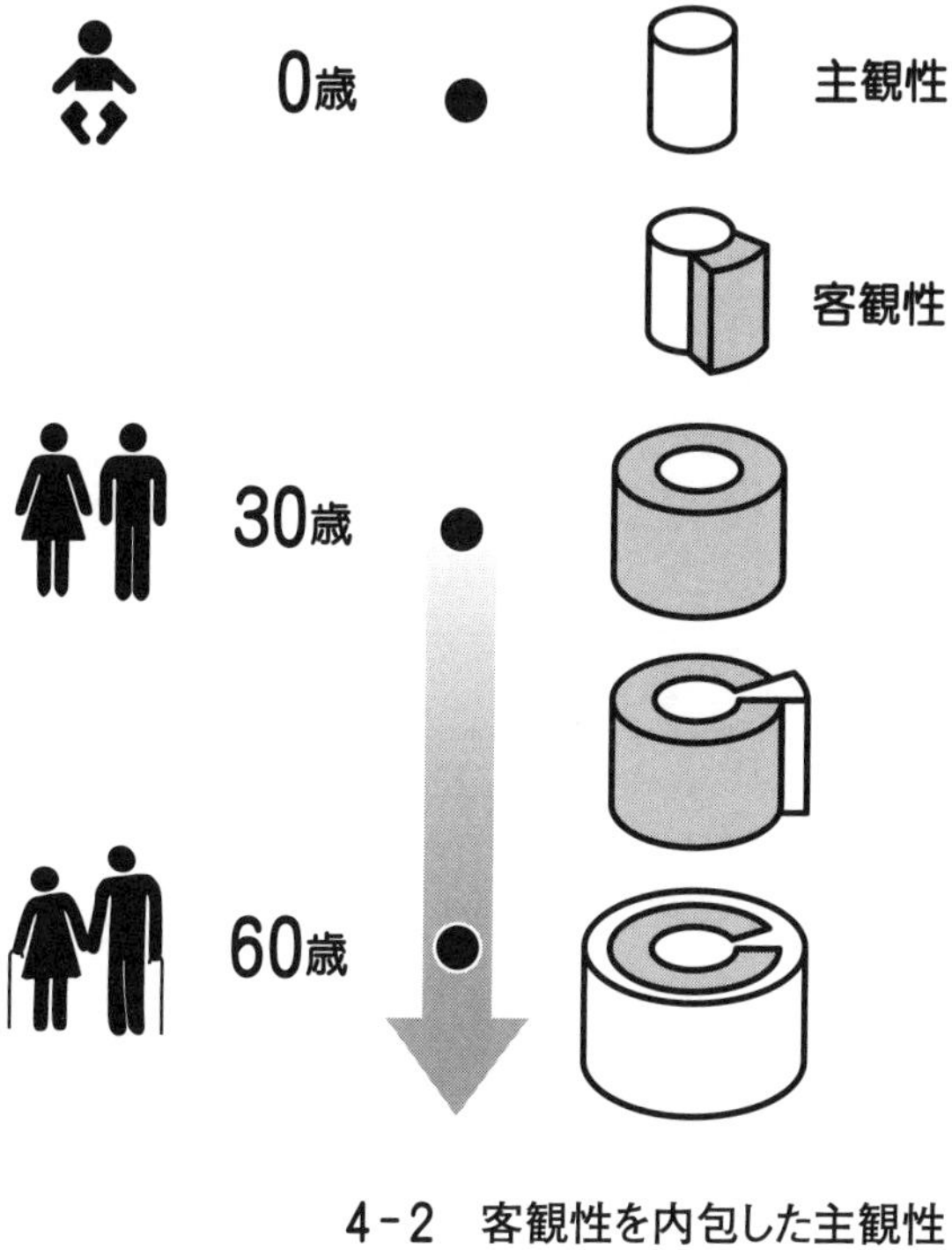

4-2　客観性を内包した主観性

ライフチャートで人生の「見える化」を

ここでインターミッション、クイズです。
誰にとっても、前半生よりも後半生のほうが明らかに多いもの。それは何でしょう。
答えは、「記憶の量」。当たり前ですよね。まったくもって当たり前ですが、記憶というのはあなたの生涯の大事なパートナーになってくれるのです。決して疎かにしてはいけません。

ここで、記憶を味方にした強力な武器を紹介しましょう。最も安全で最強の武器。ずばり、「ライフチャート」です。

その名も人生の図表。文字通り、過去を振り返りながら現在の状況を把握し、自分自身の今を理解するためのツール。それが、ライフチャートになります。ビジネス界においては、組織のアップダウンを可視化させることが重要視されますが、その応用です。

自分の人生を可視化させる。さらに厳密に言えば、自分史における幸福度のアップダウンを記憶と共に可視化させるわけです。印象深いイベントや転機を思い出し、年齢軸に沿ってこれまでの歩みを振り返る。それによって、自分のこれからの道に意識的になれる。言い換えれば、自分の進むべき道が自ずと見えてくるのが人生の見える化、すなわちライフチャートの力です。

私のおおまかな「ライフチャート」は、次ページのような図になります（4－3）。

辛かった時期。それは、田舎から上京して都会になじめず友達もできずに苦労した時期や、ネットベンチャーに飛び込んだものの、一攫千金の夢に破れわずか9ヵ月余りで再転職した時期です。

大学時代には、人付き合いがヘタだという事実を受け入れられずに苦しみましたし、ネットベンチャーを辞職した時点では、「おれのキャリアはもう終わったな……」と心底感じました。

ですが今、辛酸期を図解しながら気づくのです。

「人生、生きてみなけりゃわからない」

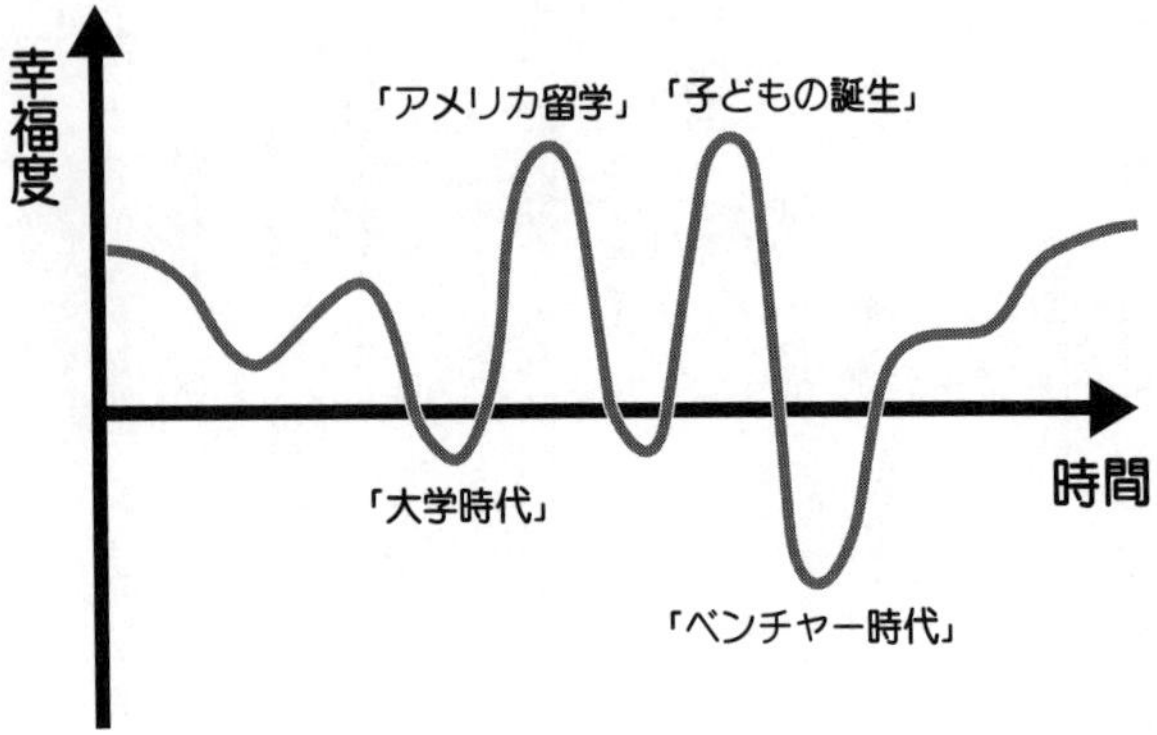

4-3　私のライフチャート

なにしろ、今はこうして身の丈に合った職に就けています。そんな自分をこれまでの節目で切望もしくは想像できていたかと言えば、「否」。まったくできませんでした。20代も30代も、そして40代も自分なりに精一杯もがいてきましたが、今の自画像を思い描くことは1ミリたりともできなかった。それが生きることの不可思議さなのです。

友達にしても、相変わらず多くはありません。両手の指にも満たないでしょう。ですが、十分すぎるほどありがたく、代わるもののない存在として、数人の友が私の人生を豊かにしてくれています。振り返りながらチャートにすることで、辛かった時期がその相貌を変えていくさまにも驚かされます。ぜひお試しください。必ずや、私と同じ思いを抱かれるはずです。

一方、幸福度が高かった時期。それは、「アメリカへの留学」と「子どもが生まれたとき」です。

就職後に海外で力いっぱい学び、力いっぱい遊んだ経験は実に貴重なものでした。我が子が生まれたときも、人生の深みと重みを真正面から味わえました。その時期に、人よりも何倍も遊び、そして学べたという記憶は、その後の私の苦難の時期をも支えてくれたのです。

「しゃあないな〜。あのとき、あれだけ好きなことをさせてもらったんだから、歯を食いしばって存分にお返しするぞ」

これが世の中へのおれの返礼だ……。バラ色の記憶を思い出しながら、腹の底でそんなことを唱えていた気がします。

だからこそ、幸福の記憶は尊い。記憶の中の多幸感は、辛い時期を生き延びる糧《かて》になる。翻って言えば、幸せを感じる自分の心というのは、何にも増して大切なのです。

いつからでもかまいません。幸せに、より意識的になりましょう。その記憶の多幸感があなたの一生の伴侶になってくれますから。

では、図解タイム。

紙一枚とペン一本を手に、あなたのライフチャートを描いてください。

まずは、幸せな時期。仲間とワイワイ何かに向かってチャレンジした時期でしょうか。それとも、趣味や仕事にとことん打ち込んで、寝食を忘れて夢中になったことでしょうか。思い出してください。可視化してください。言うまでもなく、それがあなたの経路依存であり、自分らしさであり、後半生の礎《いしずえ》です。

すべての答えは自分の中にある

本章では、ここまで三つの思考を取り上げました。

・ナラティブ思考：「明らめる」ことから出発し、「自分らしくいたい」へとつなげていく発想。

・ヒストリー思考：自分の蓄積や経験を大切にし、そこから出発しようとする考え方。

・サブジェクティブ思考：客観性を包み込んだ自分の主観性を大切にする姿勢。

いずれも人生の主役である自分を自覚し、主体的に自分の物語を創っていく覚悟につながります。これらは前章までに述べてきた、以下の思考と相互補完的です。おさらいしてみましょう。

・コミュニティー思考：身近なコミュニティーとの関係性が自分自身を形づくるという考え方。

・センスメイキング思考：現実や経験に対して、能動的に自分を意味付けしていく姿勢。

・パーソナル・アンカー思考：自分の強みや興味の根幹を突き詰め、それを活用する姿勢。

・セルフ・エフィカシー思考：自分が役に立っているという感覚を大事にする発想。

これらの思考に導かれるのが、「人生とは何か」を問う姿勢でもあります。7つの思考を大事にするだけで、その答えが自然に見えてきます。答えは常に、「外」にはなく「内」にある。自分の中にある。もしも何らかの理不尽な目に遭ったときや、二項対立のはざまで身動きが取れなくなったときには、立ち止まって自分自身を見つめてください。自分の内側に必ずや打開策があるのです。

「すべての答えは、自分の中にある」

自分自身にそのように意識的になれれば、見慣れた風景さえもがらりと変わります。自分自身の不遇にさえ、距離を置けます。そうすれば、もう一度心が動き始め、不思議なことに現実が少しずつ変わってくるのです。まさかと思うのなら、実人生でお試しあれ。明日という日はそのために悠々と手を広げてくれています。

実はここで、とても大切なコツがあります。私の身近な例でお話ししたいと思います。

幸せになることを「決める」

私の叔母の話をさせてください。

叔母は早くに夫を亡くし、関西で長いこと独り暮らしをしていました。齢90まで長生きした彼女の人柄をひと言で言えば、「仏様のよう」。決して大げさではなく、私が遊びに行くと、いつも顔をくしゃくしゃにして喜んでくれるような人だったのです。穏やかさと優しさを叔母から学んだ、と言っても過言ではありません。

楽しく、正直な人でもありました。

私が大学入学のために実家を離れるときには、新幹線のホームで「ばんざーい、ばんざーい」と人目を憚《はばか》ることなく見送ってくれ、海のものとも山のものともわからないコンサルティング会社に入社したときには、「あらま〜、なんやそれぇ〜。タカシ、だいじょうぶなぁぁん⁇」と心底心配してくれるような人でした。

そんなある日のこと。

「タカシ、タカシ。ケンタッキーとかいう美味しい鶏肉の店があるでぇ！　あんたも食べてみぃぃなぁ〜」

叔母の声は天真爛漫そのもので、びっくり仰天してしまいました。思わず彼女を凝視したほどです。もちろん、ケンタッキー・フライドチキンは知っていました。今から30年ほど前のことでしたが、小中学生だって出入りしていましたから。そうではなく驚いたのは、当時すでに90歳近かった叔母からケンタを薦められたことでした。

いやはや、見事な好奇心です。ケンタを食べるお年寄りが凄いというような一般論ではなく、若者が好んで食べるケンタを食べてみようと思った叔母その人そのものに凄いな、と思ったのです。叔母は、ハンバーガーやピザにもチャレンジしていました。

「なんて柔軟な人なんだろう！」

人は歳を重ねるごとに、体も心も硬くなるなんてウソじゃないか。そんな先入観を持っていた自分こそ、アタマが老いているじゃないか。

あのときの驚きは今でも鮮明です。叔母の笑顔が私の頭をマッサージしてくれたかのようでした。そして大事なたった一つのことを彼女は私に教えてくれていたのです。

楽しむ。この一語です。

目の前のことを自ら楽しむこと。とことん楽しむこと。実はこれは裁量権も決定権も自分にあり、どうするかは自分で決められるのです。どんなに親しい他人でも、「楽しむこと」を強制することはできません。心の底から楽しむか楽しまないかは、結局自分次第なのです。ですからそれを、有効利用すればいいのです。

「私は一日一つ、新しいことを楽しみます」

そのように決めればいいのです。

新しいことは好きなジャンルがいいでしょう。決めたら素直に楽しむだけ。するとどんどんそれが増殖していきます。大事なことなので繰り返しますが、コツは決めること。楽しむ、と主観的に決めるのです。そうすれば、いくつになっても自分の興味を絶やすことなく、心の赴くままに新しい世界を切り拓いていくことできます。その先に「自分らしい」幸せがあるのは言うまでもありません。その自分の幸せが、自分の大切な人の幸せとうまく重なるのであれば、これほど尊い人生はないでしょう。後半生をそのための時間にする、と決めること。これも、大事な生きるコツです。

お金のかからない趣味の効能

新しい何かは、もちろん趣味でもＯＫです。

特にお金があまりかからず、頭を使う趣味は、もってこいです。

アメリカ留学時代の友人と久しぶりに会ったとき、彼は最近の趣味について教えてくれました。

「今、趣味で数学の勉強を始めたんだ。ほとんどお金がかからなくて安上がりだし、なかなか奥が深い趣味だよ。久しぶりにフルに頭を使っているよ」

もともと頭の良い人だったので、なるほどな、と。自分自身を実によく活かしています。

電車の中や病院の待合室でも、漢字パズルや、数独パズルをやっているお年寄りを見かけることがあります。そっと観察してみると、身だしなみも清潔な方が多い。マイペースで日々を送っているのが窺《うかが》えます。そう言えば、私の85歳になる父も、近所の碁会所で囲碁を打つのが一番の楽しみだとよく言っています。頭を使う趣味を何かしら続けていると、歳を重ねるごとに大事な相棒になってくれます。お金がかからず、長く付き合える。そんな〝友〟を持つべきです。

私の場合、自由な時間が増えるとしたら、おそらくSF小説を読むことに多くの時間配分をしそうです。

SF小説が昔から大好きです。小学校の頃は、星新一、小松左京、眉村卓、光瀬龍などをむさぼり読み、中高時代は、アーサー・C・クラークや、アイザック・アシモフなどにはまりました。最近では、ジェイムズ・P・ホーガン、ミチオ・カク（SF小説ではありませんが……）にはまっています。

SF小説は、現実の制約や論理の枠組みを超えた思考を読み手にもたらしてくれます。しかも未来や過去に思いを馳せられ、部屋に居ながらにして異次元の旅を与えてくれます。コンサル時代の忙しい最中でも、時間を見つけてはよく読んだものです。

たとえば、コンサル時代に読んだJ・P・ホーガン（1941〜2010）の『断絶への航海』（小隅黎訳／早川書房／1984年／原著1982年刊）は目からウロコでした。2040年が舞台の近未来SFです。社会や組織の常識や前提が異なると、まったく異質な現実が生じるというストーリーの斬新さ。概略はこんな話です（実際に物語を楽しみたい方は、以下は読み飛ばしてくださいね）。

第三次世界大戦で疲弊した地球に、ある日、アルファ・ケンタウリ（太陽系に一番近い恒星）から通信が届きます。それは宇宙人からではなく、地球人からのものでした。彼らは、戦争以前に地球から飛び立った移民でした。移民船がアルファ・ケンタウリに無事到着し、新しい社会の建設に成功していたのです。

ただ、その移民船が運んだのは人間ではありませんでした。運んだのは受精卵だったのです。

新たな植民惑星では、ロボットの管理下で人が生まれ、ロボットの管理下で社会が形づくられていきました。豊富な資源と最初から存在する高度な科学技術を背景にした、高度な社会です。そんな何不自由のない環境下で、人々はお金を稼ぐのではなく、得意なことをそれぞれの役割として担いながら生活していました。人々の生きる意義は、他人から受け取る感謝というポイントであり、そこには強欲も搾取もありませんでした。

そこへ、その新世界を占領しようと地球からの船団が到着します。しかし、自分たちにはまったく理解することができない新しい社会構造を前にして、地球人は戦わずに敗れてしまうのです。

地球の船団は、そもそも誰と戦えばいいのか、誰と交渉すればいいのか、まったくわかりません。苛立《いらだ》ちを募らせ、疑心暗鬼に陥り、内部で分断や騒乱が起こり、自ら崩壊し、そして敗れていきました。やがて新しい社会に同化され、組み込まれていきます。次から次に新たな船団が地球から送り込まれてくるのですが、結局、すべて吸収されてしまうのです。

最終的には地球そのものは戦争で滅んでしまいます。しかし、その種は、しっかりとアルファ・ケンタウリに引き継がれ、新しい発展を遂げていきました。

エピローグにはこんな一文がありました。

「高度の文明を確立する人類の最初の試みはこうして挫折した……ただし完全な失敗だったとはいえまい――当初の目的だけは達成したのだから。（中略）はるか彼方の星にそれが根づき、育ち、花咲くのを見た。そしてそののち、当然来たるべき死を迎えたのだ。／だがその新しい種の後裔は、ふたたび地球へ戻り、そこに根づくことだろう」

そう、アルファ・ケンタウリの末裔は、ふたたび地球を目指したのです。

読後は不思議な余韻に包まれました。もちろんこれは、現実的にはあり得ない話かもしれません。有り余る資源を前提とし、互いの欲望はぶつかり合わず、個人の尊厳で成り立つ社会を想定していますから。

しかし、このSF小説の論理構造は、人生の「相転移」に非常に似ていると私には感じられるのです。すなわち地球を前半生、新世界を後半生とすれば、

・後半生の価値観は、前半生で培われたものを土台に構築されているものの、前半生とはまったく異なる価値観へと変質していること
・古い価値観は、新しい価値観に取って代わられざるを得ないこと
・その過程では、新旧の価値観が衝突してしまうこと
・そして、やがては自分のオリジンへと回帰していくこと

という文脈が見えてくるのです。

今となっては、『断絶への航海』を読んだのが先なのか、人生の「相転移」について考えていたのが先なのかは判然としませんが、SF小説がもたらす思考実験は、人生のあらゆる局面で自分自身の血肉になってくれました。

今後も楽しみです。今の肩書きが取れる頃には、昔読んだ本と新しい本を取り交ぜて、

過去の記憶を懐かしみつつ、かつ、未来への思いを抱きながら、ゆっくりとSF小説を味わっていくつもりです。これも、自分らしい後半生です。

正解のない世界を生き続ける

お金のあまりかからない読書が好きな私は、忙しいときほど非日常を求め、いろんな分野の本を読んでみることがあります。

哲学や仏教、歴史書などにも、深く理解しているわけではありませんが、折に触れて手を伸ばします。

そんな哲学や仏教関連の最近の読書から、特に印象に残ったものを二つ紹介します。

一つは「トロッコ問題」、もう一つは「平生業成《へいぜいごうじょう》」です。

トロッコ問題については、御存じの方も多いでしょう。1967年にイギリスの女性哲学者フィリッパ・フット（1920〜2010）によって、オリジナル版がつくられた、有名な思考実験です。

近年では、ハーバード大学マイケル・サンデル教授の「白熱教室」でも取り上げられ、万人の知るところとなりました。次のような倫理学上の問題です。

あなたはトロッコの運転手です。そのトロッコのブレーキが壊れてしまい、止められなくなってしまいました。さらに運が悪いことに、走っている線路の先には、トロッコに気づかず工事をしている作業員５人がいます。このままだと彼らを轢《ひ》き殺してしまいます。ふと先を見ると、線路には支線がありました。その先では、１人の作業員が作業をしていました。次ページの図４－４のような状況です。

ハンドルをきると、トロッコは支線に進み、１人を轢き殺してしまいます。一方、ハンドルをきらなければ、５人を轢き殺してしまいます。あなたはハンドルをきりますか、きりませんか、というお題です。

多くの人は「ハンドルをきる」と答えるそうです。

理由としては、５人を轢き殺すより、１人のほうが数が少ないからというものです。これには、派生する別のお題があります。

今度は、あなたは運転手ではなく、その線路上に架かっている橋の上を通りかかった人

4-4　トロッコ問題：ハンドルをきる?

だったとします。自分が線路の上に飛び降りても、体重が軽いためトロッコは止まりません。ふと横に目をやると、太った人が同じ橋の上に立っていました。

その人は、トロッコを止められるくらい十分に太っています。つまり、その人を突き落とせば、その太った人は死んでしまうもののトロッコを止められ、5人の作業員は助かります。あなたは、その太った人を突き落としますか、それとも突き落としませんか、というものです。

今度は、多くの人が「突き落とさない」を選ぶそうです。最初のお題と同じように、5人が助かり、1人が死ぬという結果に変わりはないのに、です。

どうやら結果だけが大事ではなさそうです。

では、太った人が同意すればOKなのでしょうか。それでも躊躇《ちゅうちょ》する人は多いようです。自分の体を所有している太った人自身がいいと言っているのだから問題ない、とも言えそうなのですが、そうでもないようです。そこに生じるのは、まぎれもなく「殺人」です。

私の解釈は以下の通りです。

自分は自分を所有していると考えること自体、自明の理ではない（確かにそれを認めると、自死という選択もＯＫになってしまいます）。ましてや、他人の命について何かを決めることは到底できない。主客両面の道理を満たす答えはない、という現実の複雑さです。

さて、もう一つの「平生業成」について。

親鸞《しんらん》聖人の教えの根幹には、「平生業成」という信念があります。

「平生業成」とは、現在生きている今（平生）、人は救われる（業成）、という意味です。念仏を唱えれば死んで極楽に行ける、という考え方の対極にあります。

親鸞聖人は、「肉食妻帯（肉を食べ、妻をめとる）」をしたことでも知られています。これらが仏教のタブーであったにもかかわらずそれを行ったのは、真の生きる価値とは普通の生活の中にあると親鸞が信じていたからに他なりません。

このような思想は、吉田兼好の『徒然草』にも顕れています。それまで死後の極楽浄土に向いていた民衆の目を、「今生＝今ある生」に向かわせたパラダイム転換の本です。第九十三段には、

「人、死を憎まば、生を愛すべし。存命の喜び、日々に楽しまざらんや」

とあります。そしてさらに続きます。愚か者は、財や欲にまみれ、命の尊さを忘れ、いつまでも満たされない、と。

「トロッコ問題」と、「平生業成」。この二つから導かれるのは、目の前の現実に対する謙虚な姿勢です。

何が正解か。簡単にはわからない現実の中で、私たちは生きている。いわば、正解やゴールの存在しない世界で、私たちは日々何をするかを決め、生きていかなければならない。生きるしかない、と言ってもいいかもしれません。非力な私たちにとって、できることは普段の生活を一所懸命（一生ではなく）、生きていくことである。

人生は「今、ここ」であり、「今、ここ」が人生のすべてである。

後半生ではもう一度それを受け入れ、病めるときも健やかなるときも、「今、ここ」を主体的に生きていくことにエンジンをかけるしかありません。私たちには「マイペース」という前半生の経験報酬があるのですから（あなただけのガソリンです）、それを基に後半生のドライブを楽しめばいいのです。

第5章

図解で幸せを考える

18

ヒア・アンド・ナウ思考　犬の道、「今、ここ」悟りの世界

今感じていることに主体的になる

「今、ここ」を生きる。

いい言葉ですね。ここまで読んでいただいた方にはもうおわかりでしょうが、本書で最もお伝えしたいのはこのフレーズに集約されています。

「今、ここ」を生きるとは、実際どのように生きることなのでしょう。

誰だって今生きているし、ここで生きています。どうやら「今、ここ」を生きるためにはもう一歩踏み込んで考えてみる必要がありそうです。最終章では、「『今、ここ』を生きる」ための具体的な思考法を紹介しながら、それを実現させるすべについて述べていきたいと思います。

犬は「今」の認識しかない、とよく言われます。

老犬になるとだんだん体が動かなくなってくるのですが、その因果関係についての認識はないそうです。つまり、「歳を取ったから」だとか、「数年したら死んでしまうだろう」などとは考えられないらしい。あくまでも犬は「今」に集中して生き、過去を悔やんだり、未来を憂いたりすることがないと言います。

犬＝「今、ここ」を生きている。ある意味、素晴らしいことだと思いませんか。

私はコンサルタントという仕事柄、過去を分析し、将来を設計して、クライアント企業からまとまった額のお金を頂いていました。第3章で述べたように、長短で言うと「長」、正負で言うと「負」の思考に偏っていました。要するにリスクヘッジの思考、言い換えれば〝分析麻痺症候群〟とでもいうような思考迷路に陥っていました。

性格的にもけっこう失敗を引きずるほうで、常に予防線を張りながら計画を立てるのが好きでした。嫌いな言葉は、「大失敗」。そんな私は、過去と未来に絶えず意識を払って生きてきたのです。

しかし、あるとき気がつきました。人生を充実したものにするためには、少々度がすぎていたかもしれない、と。なぜなら、過ぎ去ってしまいもう存在しない過去と、まだ来ぬ未来を意識するあまり、「現在に心あらず」の状態を自覚したからです。それは疲れているのに眠れない感覚や、日中なのに目の前がうっすら暗い視界が私自身に告げていました。

「今日、何日だっけ……」

計画魔のくせに、カレンダーを見ないと今日の日付けがわからないときもありました。まったく、今を生きていなかったのです。

ところで、私の家内。彼女はどちらかと言うと、今を生きる人です。過去をあまり悔やみませんし、楽観的で将来の心配もそれほどしていません。嫌なことがあっても翌日にはケロリとしています。そんな家内は、**ヒア・アンド・ナウ思考**の達人だと言えます。

以前、こんな会話から言い合いになりました。

「君って、犬みたいだね」と、私。

「はぁ？　私はイヌゥ？」と、家内。

私は家内を褒《ほ》めたのです。「今、ここ」を生きる彼女に、尊敬の念を込めて「犬みたいだね」と言ったのですが、ちっとも伝わりませんでした。よく考えれば当然です。前置きなしに言えば、侮辱に聞こえる可能性は大。文字通り大ゲンカになったのですが、真意の釈明にもひと苦労しました。

こんな説明です。

煩悩に振り回されず、生老病死をありのままに受け入れる。

そこらから離脱して、今感じていることに真摯に向き合う。

そして、泰然と前向きに生きる。

この感覚こそ「悟り」であり、多くの人が求めている生き方に違いない——そんな私の考えを必死で説明しました。まさに、

「犬の道」＝「今、ここ」＝「悟り」＝「人生の充実」

私もそうありたいと願っているけどなかなか難しい。多くのお坊さんもこの「悟り」を

得ようと厳しい修行を続けている。それを自然に会得している君は素晴らしいんだ、と。

でも、彼女の顔は怪訝《けげん》なまま。そしてピシャリと言われました。

「あなたは、そんなことばっかり考えているからダメなのよ」

おっしゃる通りです。ぐうの音も出ません。犬から始まり犬も食わぬ夫婦ゲンカで終わりましたが、内心ますます家内を仰ぎ見たものです。

さて、図解タイム。

「今の充実」とは、「今、起きていること」と「自分の意識」の重なりで表現できます。図にすると、次ページのようになります（5－1）。ご覧のように、自分の意識をとことん「今」に照準を合わせることで、充実度が変わってきます。

「え？　それだけで今を充実させられるの？」

そう思うのも当然です。ですが「それだけで」ではありません。「それ」が、かなり難しいことなのです。

意識とは絶えず動くものです。何かに集中したくても、五感から入ってくる外部の情報に自然にリアクションしてしまうのが意識の特徴でもあります。そんな意識を操れるよう

5-1 「今」と意識を重ね合わせよう！

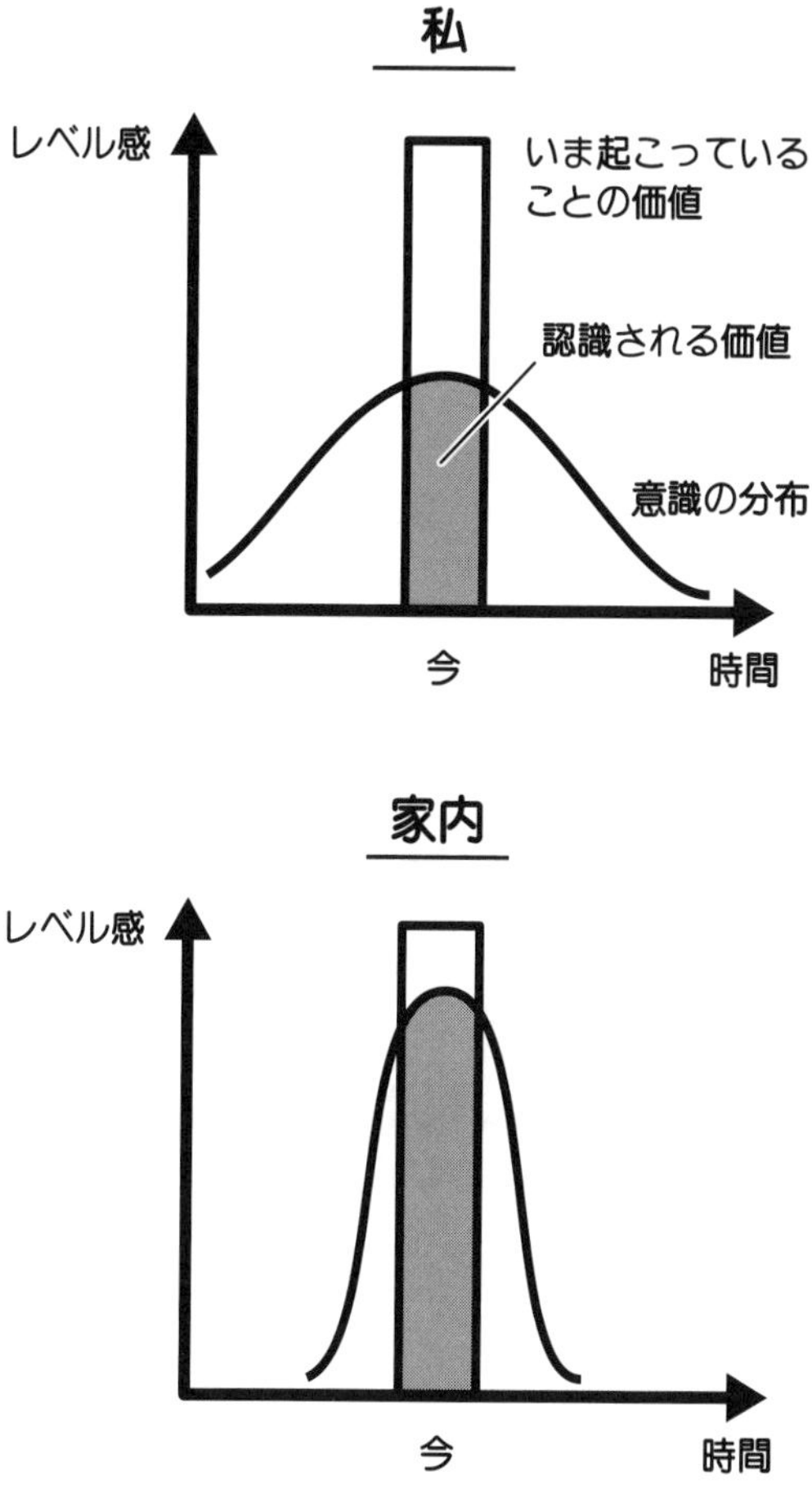

になるのが、「今、ここ」を生きるために求められることかもしれません。要するに、主体的になること。それが大事なのです。

まずは、ゆっくり呼吸をしながら、「今、ここ」の匂いを嗅ぐのもいいでしょう。

自然に鼻から入ってくる空気を感じながら、目の前を観察してください。

自分の持ち物を一つひとつ確かめます。次に、自分に関わりのないものも一つひとつ眺めます。

次第に視野が広がり、自分が今、どのような場に存在しているのかをいつもとは違う感覚で味わえます。その場で、自分は、何をしているのか。どんな役割なのか。何をしたいのか。それをゆっくりと感じてみます。

するとどうでしょう。自分と自分の間に落ち着いたスペースが生まれ、自分自身を客観的に見つめることができます。そしてもう一度、深呼吸。これであなたは、「今、起きていること」と「自分の意識」が重なった存在になれました。あえて言えば、主体的に自分を客観視できているのです。

どんな気持ちが湧きますか？　それが、あなたの「今、ここ」なのです。

19

ライク・ディスライク思考　自分に嘘をつく必要はない

自分らしさを発揮する

「もし今日が人生最後の日だとしたら、今やろうとしていることは本当にやりたいことだろうか？（If today were the last day of my life, would I want to do what I am about to do today?）」

スティーブ・ジョブズの大変有名なフレーズです。2005年、スタンフォード大学でのコメンスメント・スピーチ（卒業祝賀スピーチ）の一節ですが、「自問自答せよ」という彼の真意が表れています。

自問自答せよ。ジョブズが与えてくれた呼びかけに、私たちはどのように応えればいいのでしょう。いったい何を基準にして、何が本当にやりたいことか見極めるべきでしょうか。本節ではそれについて考えてみます。

ここまで述べてきたように、企業にも人にも「経路依存性」があります。どちらも他とは異なる環境下で成長し、それぞれの経路依存性を経て、「オンリー・ワン」の存在になっています。ゆえに、人それぞれの基準も千差万別であり、一律に当てはまるような「正しい／間違い」の判断軸はありません。正解か不正解かの○×人生は、前半生で十分です。相転移を経た後半生で、大切にすべき軸とは何でしょうか。

明らかなのは、他人の軸ではないということ。あくまでも自分の軸であり、そのためには自分にとって何が価値あることなのか、それを測るものさしが要るということです。

どんなものさしか。

それは「好きか／嫌いか」である、と私は断言します。単純に、ライク（like）か、ディスライク（dislike）かで判断すればいい。なぜなら、あなたの好悪《こうお》はあなたの歩いてきた道そのものでもあるからです。

これが**ライク・ディスライク思考**です。言い換えれば、「自分らしさの発揮」でもあります。大事なことなので繰り返しますが、他人の軸とは他人の好悪であり、あくまでも他人のもの。どうにもならないものなのです。それに引きずられる必要はまったくありません。自分自身の好き嫌いを大事に、信念を持って好きなことを選択し続ければいいのです。自分に嘘をつく必要がなくなる。それが後半生の醍醐味です。

山歩きでもいいし、釣りでもいい。車やバイクが趣味ならば、仲間とドライブやツーリングに出かけるのもいいし、忙しくてこれまで着手できずにいた部屋の模様替えでもいいでしょう。あるいは、海外赴任の経験があり英語が得意なら、近所の子どもに英会話を教える選択もあるでしょう。地元にUターンして、地域貢献の役割に就くのも後半生にふさわしい生き方の一つです。

前半生で培ってきた経験を活かしつつ、楽しみながら本当に好きなことにじっくりとチャレンジするべきです。決して、世の中に認められるとか、見返りを期待するとかではなく、自分自身の「好きか／嫌いか」に忠実に従うべきです。それでも矩をこえずに生きていけるのが、後半生のありがたさでもあるのです。

因果関係の曖昧さを尊重する

私を例にしますと、好きなことは「温泉旅行」「ゴルフ」「ものまね番組・ドッキリ番組を観ること」「SF小説・物理の本を読む」あたりです。もう少し世の中に役立ちそうなことを、と言われれば、「教えること」です。自分が面白いと思うこと（経営学、思考術、物理）を人に教えることが大好きです。

家族と温泉旅行に行ったり、仲間とゴルフをしたり、ものまねやドッキリ番組を観ている時間は、掛け値なしに楽しいものです。

しかし、「なぜ、好きなの？」とかしこまって聞かれても、ハタと困ります。なぜなら、「ヨガではなく、なぜ温泉なのか？」「お笑い番組ではなく、なぜものまね番組なのか？」を論理的に説明することが自分でも難しいからです。

経営戦略論にも「因果関係の曖昧さ」というものがあり、それは重要な概念の一つです。企業にとって「持続的な競争優位を導く源」とも言われています。具体的には、「改善力」「新事業開発力」「機動力」「組織力」といった力を「なぜ持てるのか？」について、その企業ですらうまく説明できない状況を指します。前述のトヨタ、アマゾン、キーエンスといった組織がこれに当てはまるのですが、本人たちですら説明できないのですから、他社がそれを模倣しようとしても困難であるのは言うまでもありません。だからこそ「模倣困難性」が生じ、競争優位の維持につながるとも解釈されています。要するに因果関係が曖昧なものは、それゆえに企業の個性となり、最も大切にすべきものとなるのです。

人にもそれは当てはまります。個性とは、自分でもなぜそれがそうであるのか理路整然と理由を説明できないものがほとんどです。つまるところ、因果関係がない。言い換えれば他人のものさしで測れないものが、その人自身の〝個性〟なのです。

もうお気づきですね。これが答えです。

他人のものさしでは測れない「好き」を見つけることが、後半生の道標になってくれます。他者の評価や世間の賞賛といったものさしを一切合切《いっさいがっさい》捨て去り、「なぜ好きなのか」なんて説明できないような心から好きなものを大切にして尊重すること。それを習慣にすれば、自ずと後半生の道が拓けてきます。

そのときもう一度、振り返ってみてください。

5-2　本当の「好き」の発掘

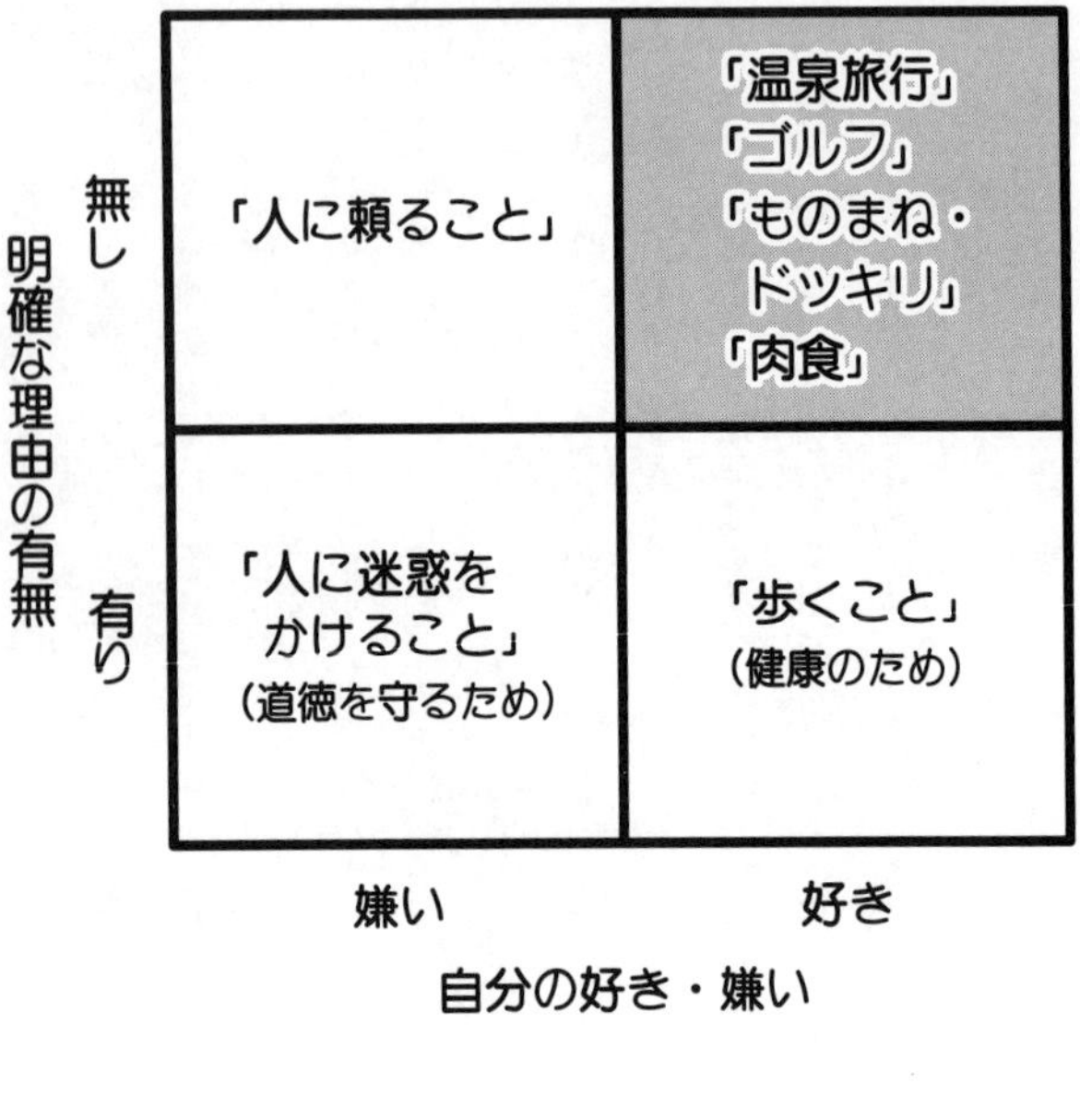

「人に頼ること」
「温泉旅行」
「ゴルフ」
「ものまね・ドッキリ」
「肉食」
「人に迷惑をかけること」
（道徳を守るため）
「歩くこと」
（健康のため）
無し
有り
明確な理由の有無
嫌い
好き
自分の好き・嫌い

「本当に好きなものには理由がない」という私の実感に、あなたもきっと同意してくれるはずです。

右ページの図5－2をご覧ください。私の「好きか／嫌いか」と、明確な理由の有無の田の字です。

そこからはあまりアクティブではない、こぢんまりとした地元での生活が見えてきます。

さあ、図解タイムです。

紙の上に田の字を書いて、思いつくことを書き出してください。後半生、どんなことに、どんな姿勢で時間を使うべきかの初めの一歩が見えてきます。自分に嘘をつく必要はありません。不確定な心配や怖れも、紙の上では不要です。後半生は、自分自身が決める時間割から始まります。

無駄を求めて成長する

「好きなことをやればいいなんて、ちょっとワガママじゃない？」

そう思われる方もいるかもしれません。社会の高齢層となる私たちが、自分の好きなことばかりに邁進するのは気が咎《とが》める……。そう思う方もいるかもしれません。

ですが、気にする必要はまったくないと私は断言します。なぜならば、この世の中において「100%無駄なこと」というのは存在しないからです。

たとえば、レトロ玩具のコレクションを始めたとします。あるいはこれまで忙しくてできなかったプラモデル作りを再開したとします。それらコレクションやプラモデルは、自分が死んだとき、おそらく捨てられるだけでしょう。一見無駄ですが、このようにも考えられます。

・あなたがレトロな玩具をウェブサイトのメルカリなどで買ったおかげで、誰かにキャッシュが入り、メルカリは儲かります。物流業者も儲かります。
・あなたがプラモデルを買ったおかげで、プラモデルメーカーは儲かりますし、接着剤メーカーも、それを売った小売店も儲かります。

そして言うまでもなく、自分自身は満足します。

体には悪いけれど、とても美味しいお菓子。新しい何かを生み出すわけではないけれど、気の置けない友との酒の場。あってもなくても生きていけるけれど、魂を揺さぶる芸術。

これらがなくても人は生きていけます。しかしこれらがあると、生きる意味を実感できるのです。誰が言った言葉かは覚えていませんが、ある芸術家の次のような言葉を聞いたことがあります。

「皆さんは、人々の人生を守るために働けばいい。私は、その人生を〝守るべき価値のあるもの〟にするために活動する」と。

そもそも経済成長とは、人々が無駄なことを求めてきた過程です。本来であれば最低限の衣食住があれば、人は生きていけます。でも、車も欲しい。旅行もしたい。芸術も味わいたい。そんな渇望が、人生を実感あるものへ、生きる価値があるものへと導いていく。それが「豊かさ」を創り、「幸せ」につながる。その始まりには「無駄」がある。無駄が豊かさになる。無駄が幸せになる。ですので、「無駄なこと」をするのに何ら恥じることはありません。

5-3　やりたいことをやればいい

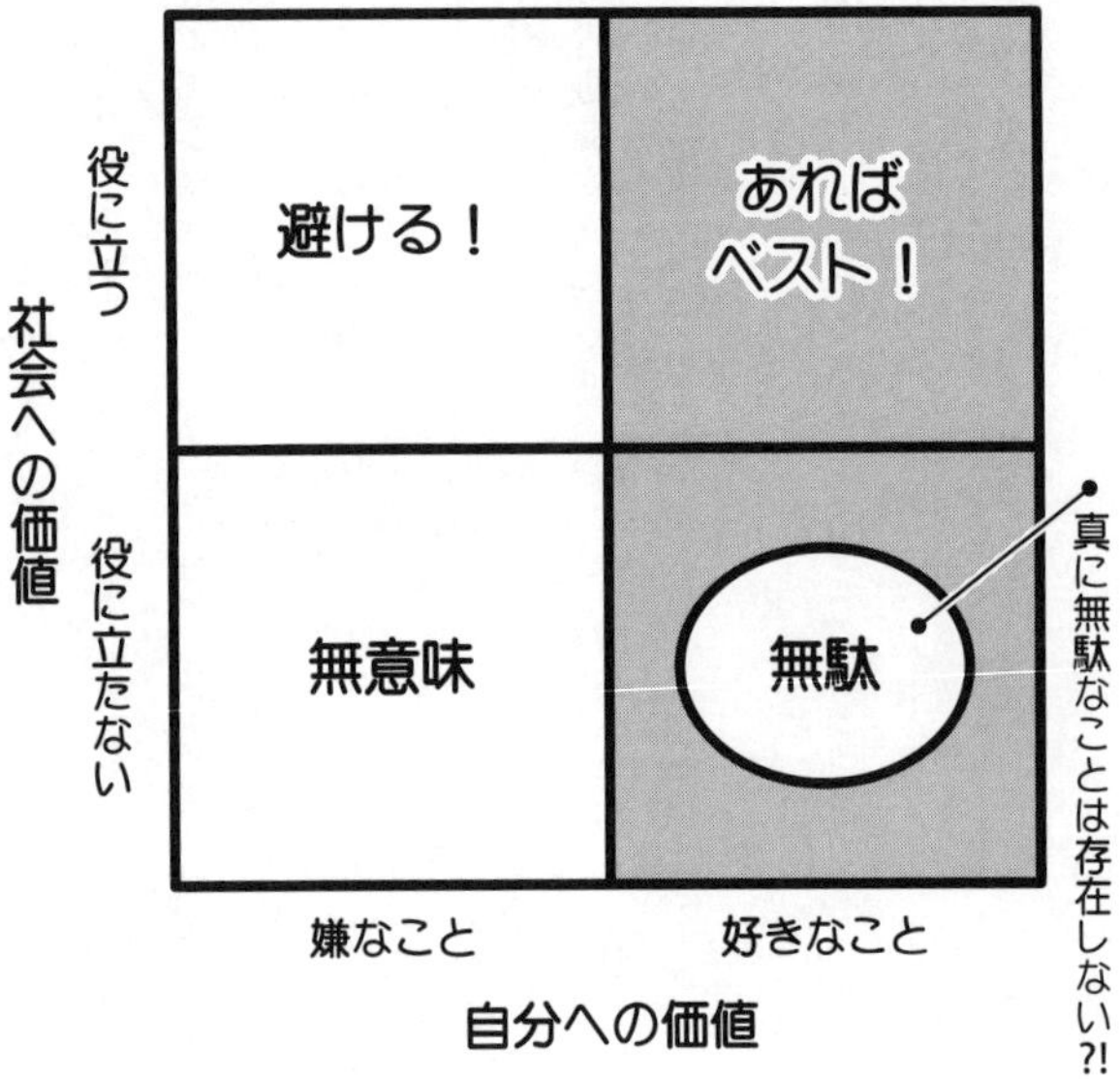

繰り返し言います。必要なビルディング・ブロックを一所懸命積み上げてきた前半生に対し、後半生は「統合」のステージです。自分の好きなこと、やりたいことを中心に据えればいいのです（図5－3）。

20

シンプル・ルール思考　柔軟性から生まれる新たな変化

「次につなげたかな?」

本書も、終わりが近づいてきました。

最後に、「統合」のための思考法をご紹介します。

シンプル・ルール思考です。

経営戦略論に、「シンプル・ルール」という概念があります。企業は成功するために競争優位を保つ必要がありますが、時としてそれが逆に組織の成長を妨げ、硬直性の原因になってしまうことがあります。そのような再構築を求められる局面で重要視されるのがシンプル・ルール、すなわち本質的な事柄への絞り込みです。

シンプルだからこそ、柔軟性が生まれる。柔軟性が生まれるからこそ、新たな変化も可能になるのです。たとえばインテルは、「シリコンウェーハから上がる収益を最大化する」というシンプル・ルールを持っていました。こんなシンプルなルールがあったからこそ、アジア勢の進出によりメモリー事業で苦境に立たされた際に、同じシリコンからより多くの収益を上げることができるCPU事業へと素早く事業転換を果たすことができたのです。メモリー事業が今はまだ儲かっているからそんなビジネスはやめられないとか、CPU事業を立ち上げるための投資の回収期間の条件が満たされないからとか、さまざまなルールでがんじがらめになっていたら、動けなかったはずです。一番大事なシンプルなルール。それがあるからこそ、前へ進むための力が生まれてくるのです。

私にも、シンプル・ルールがあります。それは、「次につなげたかな？」という自分への問いかけです。

ゼミ生の修士論文の指導をしたとき。企業研修で戦略論の講義をしたとき。社外取締役として取締役会で議論したとき。我が子に勉強を教えたとき。家族と旅行に行ったとき、などなど。

「次につなげることができたかな？」

それに対して「イエス」と思えると、充実感を味わい気持ちが落ち着くのです。シンプルですが、だからこそ柔軟性があり、さまざまな場面で応用が利きます。とても役立つ判断軸だと自負しています。

さあ、最後の図解タイムですよ。

次の図5-4の白い枠内に、あなたは何を書き込みますか?

5-4 「次につなげる」テンプレート

誰に	何を
（例）	
・子どもに	・生きてゆく術、幸せになるための心得
・ゼミ生に	・経営の知識と姿勢
・近所の中学生に	・理系の楽しさと勉強のやり方

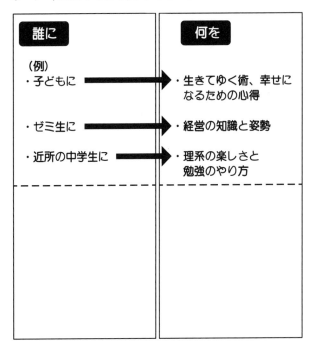

21

ディシペイティブ思考　散逸系の生命力を取り戻す

人の命の本質とは

人生はバトンリレーです。

そして人間は死ぬその日まで、インプットとアウトプットを続けます。外部からの刺激に応え、食べては排泄し、吸っては吐くという呼吸動作で生きていく。死の直前までインプットとアウトプットを繰り返すのが、人の命の本質です。このような人間の特性を捉える二つのキーワードを最後に紹介したいと思います。

一つは、「自己組織化現象」、もう一つは、「散逸系《さんいつ》」です。

あまり聞きなれない言葉かもしれません。それぞれ説明します。

「自己組織化」とは、全体をコントロールする仕組みを伴わないランダムなもの同士が、自律的な構成要素間の相互作用によって構造や秩序を生み出す現象です。難しいですよね。

わかりやすい例を挙げると、雪の結晶、鳥の群れ、経済変動パターン、そして生命。これらすべて自己組織化現象です。何かしらの命令を下している存在がないにもかかわらず、雪の結晶は美しい造形を持ち、鳥の群れは優雅に舞い、経済は波打ち、生命は躍動します。不思議なことに、司令塔が存在しないのに、創発的に秩序が生まれているのです。

たとえば、鳥の群れ。大空を横切る渡り鳥の群れを想像してみてください。大きく分けて三つの相互作用があの優雅な動きを決めています。

1　他の鳥や障害物と一定の間隔を取るように動く
2　周りの鳥と速度と方向を合わせるように動きを調整する
3　群れの重心に少し近づくように動く

こうした相互作用があるだけで、群れをつくるルールのような命令系統はどこにも存在しません。

人間という生き物も、何十億年もかけた壮大な進化の先っぽに存在しています。単細胞から多細胞へ、脊椎動物から哺乳類へと自己組織化していったのです。誰かが（たとえそれが神様でも）、トップダウン的に「こうあれ！」と命令したとしても生み出すことのできない驚異的な秩序の現れです。生きて在ることそのものが、そもそも貴重な存在です。

二つ目の「散逸系」は、前述の自己組織化現象において、動的な安定を指し示す言葉です。インプットとアウトプットをし続けながら、特に動的に安定しているものを表します。ノーベル化学賞を受賞したイリヤ・プリゴジン（1917〜2003）が定義したもので、ダイナミック（動的）でありながら、ステイブル（安定）である「Dynamically Stable」という概念です。

わかりやすい例を挙げましょう。沸騰したヤカンのお湯です。火からの熱量（インプット）を得て、湯気を通した熱量（アウトプット）を出し続けることによって、ヤカンの熱湯は、渦を描きながら安定するパターン（対流）を形づくります（図5-5）。

実は、人間もれっきとした「散逸系」です。英語では、「ディシペイティブ・システム（dissipative system）」。先述の通り、さまざまなものをインプットしながらアウトプット

5-5　ヤカンの中の「散逸系」

し続ける生命体なのです。こうして人間を「自己組織化した散逸系」と捉えると、日々の出来事がより俯瞰的に見えてきます。つまるところ、インプットとアウトプットは宿命である、ということです。

それは物理的にも、精神的にも、ということです。対流は本能では止められません。ましてや自らの意思で止めてはいけません。死という自然な終焉に至るまで**ディシペイティブ**であり続けようとするのは、生命本来の機能です。ですから、無理に「前向きになろう！」とストレスをかける必要はありません。あえて言えば、自分に正直になればいい。ゆっくりと呼吸し、肩の力を抜いて、「今、ここ」を感じればいい。そうすれば、本来の生命の力が戻ってきます。安心してください、そもそも人間はそのようにできているのですから。

やがて「丸まる」時間を受け入れる

本書も終幕です。

最後の最後に、「死」について述べてみたいと思います。あくまでも私の考えなので、こんな考え方もあるのだな、という参考にしてもらえれば十分です。

ヤカンの熱湯も永遠に対流を続けるわけではありません。人間も同様です。寿命という、命の火が消えるときは誰の身にも必ず訪れます。それが死です。

以前、臨床心理学の本に、次のような場面が描かれていました。医師と余命いくばくもない患者さんとの対話です。医師が言います。

「体調はいかがですか？　元気を出して、これからも一緒に頑張っていきましょう」

それに対して患者さんが問い返します。

「先生、何に向かって頑張ればいいのでしょうか。私は、朝起きると、あぁ、今日も目が覚めてよかった。今日も一日生きていられる。日々、その繰り返しです。なので、何に向かって頑張ればいいのでしょうか……」

そして医師は気がつくのです。患者さんと自分の感じている時間の流れが違うということを。厳密に言えば、流れのかたちの違いです。医師にとっての時間の流れは過去から未来へ直線的に延びていますが、患者さんの時間は、一日単位で丸まっている。日々、その日の命に感謝しながら、一日単位の繰り返しを生きている。そのことに気づき、ハッとし

5-6　最後に丸まる時間の「形」

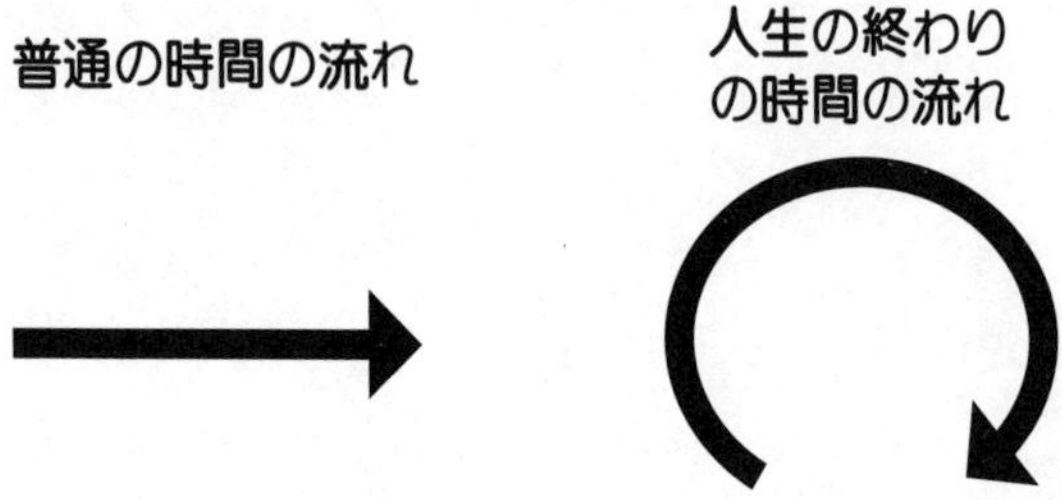

たそうです。

時間が自然に「丸まって」いく。これは、私の身にもきっと起きることでしょう（図5－6）。ただ、まだまだ先のことだと思い、「今、ここ」ではその実感が湧かないのでしょう。そう思いながらも、次の三つのことを私は感じました。

一つ目は、丸まる時間をできるだけ先延ばしするために健康に気をつけて頑張ろう、ということです。インプット・アウトプットを続ける散逸系として、自分のため、周りのために「今、ここ」をしっかり生き抜こうという気持ちを強くしました。それが未来に延びる直線的な時間をより長くすることにつながるはずです。

二つ目は、やがて時間が丸まったら、それを素直に受け入れよう、と。もし自分が、吟味された直線的な時間の上で一所懸命の人生を送ることができれば、それが可能になるのではないか。そう思います。

三つ目は、矛盾しているようですが、丸まった時間の中でも、直線的な時間上の人生のように、自分のため、周りのために真摯に生きたい、と思ったことです。ドイツの宗教家であるマルチン・ルターは、かつてこう言いました。

「たとえ世界の終末が明日であっても、私は今日、リンゴの木を植える」

これは現実的な効用を逸脱した考えです。自分では決して、そのリンゴの木から実を収穫できないわけですから。でも、この言葉から得る勇気や希望は、現に私の生きる力となってくれます。

たとえ時間が丸まっても、自分が存在したという意味、今なお存在しているという意義を確実に捉え、その上で自己をデザインしながら、穏やかに、素直に生きていく。そのように私は志しています。

本当の自分に出会えたか？

本書では、後半生のセルフコンサルティング法について、多面的な視座からアプローチしてきました。

第1章では、後半生という「相転移」を認識して、自分らしさを取り戻すこと。

第2章では、その相転移前では「備え」、相転移後では「本当にやりたいこと」に資源を配分し、身近な人からの承認が最も意味がある自己実現だという認識を持つこと。

第3章では、「したい」を優先しつつも、「べき」のトレード・オンを模索し、好い加減の選択を行うこと。

第4章では、逆境や苦難を想定し、そのときは「明らめ」ることによってすべてを受け入れ、主観的に物事が再始動していくのを感じること。

最後の第5章では、万人に共通の人生の目的などはなく、「散逸系」の生命として「今、ここ」を受け入れて生きるべきだということ。

以上です。

私の失敗談も、恥ずかしながら紹介しました。そこから編み出したセルフコンサルティング法を21の思考に整理し、覚えやすいようにすべてをカタカナに統一して提示しました。以下の通りです。

①ホロニック思考――これまで蓄積した土台（部分）を統合し、人生を味わう
②バックキャスティング思考――今の延長線上ではなく、人生の終点から振り返って考える
③オンリー・ワン思考――自分自身の「判断軸」を持ち、無限競争を避ける
④コミュニティー思考――「周り」との関係性の中にこそ自分があることを理解する
⑤フェーズ思考――人生の「相転移」を受け入れ、その素晴らしさを感じ取る
⑥センスメイキング思考――能動的に人生の意味付けを行い、「考動」する
⑦ストラテジー思考――希少資源の「時間」を本当にやりたいことに配分する
⑧パーソナル・アンカー思考――自分の強み・興味の根幹の上に人生を創っていく
⑨ビッグ・ピクチャー思考――相転移に向け、ありたい姿を含む「おでん図」を描く

⑩プランニング思考――ありたい姿へのボトルネックを把握し、ＰＤＣＡを廻す
⑪エマージェンス思考――新たな行動によって出会う偶然を必然に変えていく
⑫セルフ・エフィカシー思考――自分が役立っているという感覚を大事にする
⑬モデレイト思考――ちょうど好い加減で良しとする気持ちを持つ
⑭トレード・オン思考――本当に「したい」ことと大切な「べき」の両立を目指す
⑮ナラティブ思考――「明らめる」ことから出発し「自分らしく」へとつなげていく
⑯ヒストリー思考――これまでの蓄積や経験を大切にし、そこから出発する
⑰サブジェクティブ思考――客観性を包み込んだ主観性を大切にする姿勢を持つ
⑱ヒア・アンド・ナウ思考――「今、ここ」に集中し、一所懸命に生きる
⑲ライク・ディスライク思考――好き・嫌いで判断し、心から好きなことを選ぶ
⑳シンプル・ルール思考――あくまでも単純な行動原理に従う
㉑ディシペイティブ思考――「散逸系」としての生命をまっとうする

以上です。もちろん図にしますよ。ご覧ください。２５１ページの図５‐７のようなビ

ッグ・ピクチャーになります。

人生とは、本当の自分に出会うための長い旅路です。

そのためには、「今、ここ」を真摯に生きる思考。それが旅の必需品。あとは自分らしく、正直に。私もあなたも旅の途中ですが、だいじょうぶ。必ず、自分に出会えます。

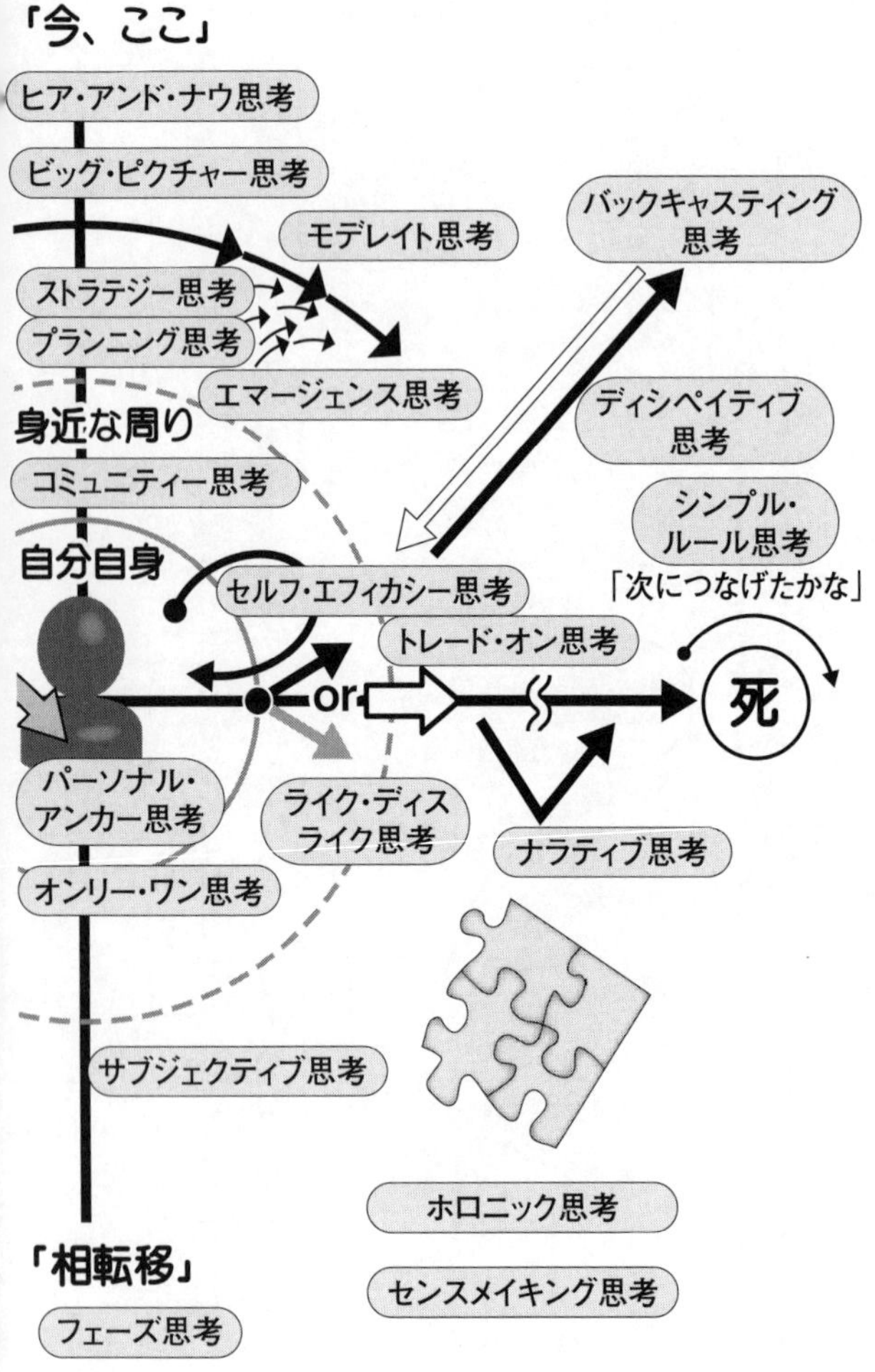
「今、ここ」
ヒア・アンド・ナウ思考
ビッグ・ピクチャー思考
モデレイト思考
バックキャスティング思考
ストラテジー思考
プランニング思考
エマージェンス思考
ディシペイティブ思考
身近な周り
コミュニティー思考
シンプル・ルール思考
自分自身
セルフ・エフィカシー思考
「次につなげたかな」
トレード・オン思考
or
死
パーソナル・アンカー思考
ライク・ディスライク思考
ナラティブ思考
オンリー・ワン思考
サブジェクティブ思考
ホロニック思考
「相転移」
センスメイキング思考
フェーズ思考

5-7　自分に出会うための21の思考法

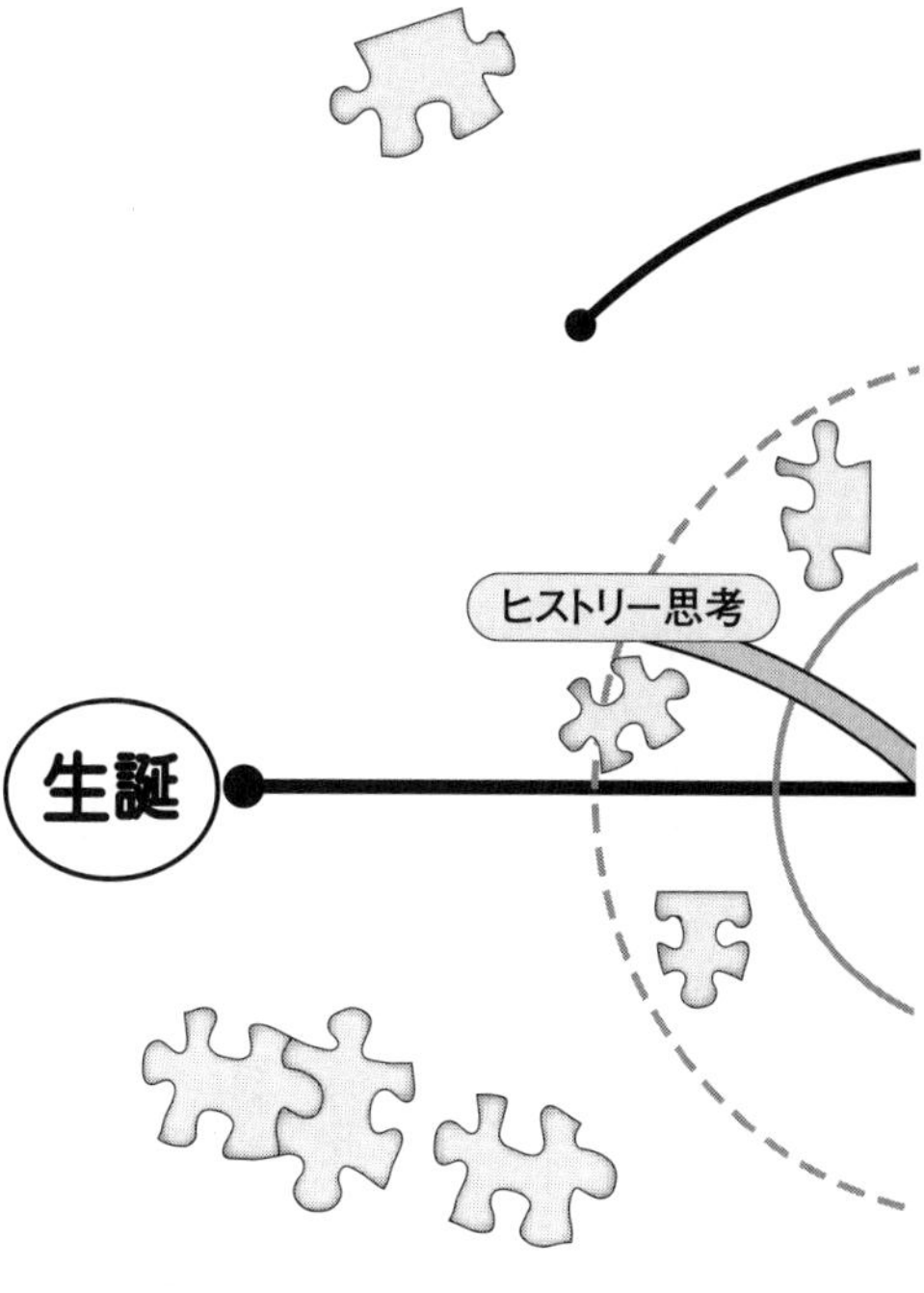

おわりに

ある日のことです。

仕事の付き合いで音楽コンサートに招待され、家内と一緒に出かけるときのことでした。

私はいつも通り、到着時間から逆算して、車が渋滞しても十分に間に合う余裕を見て、出発時間を午後5時と決めました。

「5時に家を出るよ」

「はーい」

着替えをして、持ち物を整える。よし、準備はできた。時計を見ると、4時50分です。

忘れ物はないかどうか、あとはチェックするだけ。あれも持った、これも持った、身支度も万全です。

「そろそろ行くよ、準備できた？」

家内をちょっぴり急かす気持ちも混ぜながら声をかけると、驚くようなノンキな声が返ってきました。

「あ〜、クッキー（飼い犬）のエサをつくっていってあげなきゃ、ちょっと待って」

「あ〜、洗濯物取り込んでから行くから、ちょっと待って」

「え〜と、ポケモンの準備忘れたから、ちょっと待って」

なぬ？　今からそれをやる？

当初想定していた時間的余裕はなくなってしまい、結局、到着は開演ギリギリになりました。ホールの座席に着きながらも、イライラが止まらない私。

「あら？　間に合ったじゃない。どうしてイライラしているの？」

「…………」

笑顔で訊かれたら、返す言葉もありません。コンサートに間に合っているのはその通りなのですから。

要するに家内と私とは、明らかに行動基準が違うのです。

決められた時間やするべき事を優先しながら動く私に対し、家内はおよそ、どんな状況でも自分のしたい事を優先しながらやり遂げます。私に言わせれば、「帰ってきてからでも犬のエサは遅くはない」「晴れているから洗濯物は干しっぱなしでも大丈夫」「急いでいるときにポケモンはどうでもいい」のですが、彼女にとっては、「クッキーが可哀そうだし」「洗濯物が気になるし」、それこそすべてが「今、やりたい」事なのです。

ある意味、うらやましいよ……。

そんな自分の気持ちに気づいて、ハッとしました。

私こそ、何にせっつかれているのだろう。誰に急かされているのだろう。家内の言う通り、なんでイライラしているのだろう。そして認めざるを得ませんでした。これまでの企業生活において、「こうあらねばならない」「こうすべきである」という判断軸で行動してきた私は、それがすっかり体に染みついてしまっていたことを。もっと言えば、自分の人生のハンドルを、他人に預けてしまっていたことを、です。

今から振り返れば、懐かしい前半生の私の姿です。

言うまでもなく、あの頃の私がいなければ、この本は決して生まれませんでした。

本書では、自分自身が自分のコンサルタントになる方法について述べてきました。それはすなわち、自分を主体的に客観視することでもありました。

私は幸運にも、50歳を過ぎたところで新たなチャレンジを始めることができましたが、それはコンサルティング業界から教職への変化ではありません。

具体的な職種うんぬんではなく、「人生のギア・チェンジ」に気づけたことなのです。手にする収入は減りましたが、家族との時間は生まれ、ゴルフに使える時間も増え、興味ある分野の本を読み、研究をする時間も得られました。また、たくさんの教え子という「次につなげるための」資産も持つことが叶いました。そして、お金には代えられない貴重な充実感を得ることができました。これらすべてが意味ある変化であり、チャレンジだったのです。

これからは、これまで得たものを可能な限り周りに還元しながら、身近な人と穏やかに過ごす。そんな自分自身の「判断軸」を形成していきたいと思います。頭でっかちな私のことですから、転職という大きな変化がなければ人生の相転移を知ることができなかったのです。

聡明な読者の皆さんは、きっと違うことでしょう。ですが、私の企業体験から生まれた21の思考や図解の視点が、後半生の生き方の「思考の補助線」になるのであれば、これに優る幸せはありません。


最後に、私の大好きな宮崎駿監督作品「天空の城ラピュタ」（1986年）のセリフをここに記し、本書を閉じたいと思います。

「土に根をおろし、風と共に生きよう。種と共に冬を越え、鳥と共に春を歌おう」

後半生の旅にピッタリのアナロジーです。

雲を目指し、空を飛び、影響の範囲を精一杯拡大する前半生。その間に捨ててきたもの、見えなかったもの、長い間放置されてきた感覚を取り戻そうということです。

道端の小さな花を美しいと思う気持ち。

ちょっとした人の優しさに感謝する気持ち。

日常の団らんに幸せを感じる力。

損得なしに誰かのために何かのために頑張る力。

これらの目に見えない感覚を取り戻し、地に足を着けて生きていく旅こそが、後半生に求められている道なのです。

平井　孝志

２０２２年８月20日

平井孝志 ひらい・たかし
1965年生まれ、香川県出身。筑波大学大学院ビジネスサイエンス系教授。1987年、東京大学教養学部基礎科学科第一卒業。89年、東京大学大学院理学系研究科相関理化学修士。95年、マサチューセッツ工科大学（MIT）MBA取得。ベイン・アンド・カンパニー、デル、スターバックス、ローランド・ベルガー等を経て、現職。博士（学術）。早稲田大学ビジネススクール客員教授、三井倉庫ホールディングス株式会社社外取締役、株式会社キトー社外取締役を兼務。著書に、『キャリアアップのための戦略論』（日経文庫）、『本質思考――MIT式 課題設定＆問題解決』『武器としての図で考える習慣――「抽象化思考」のレッスン』（共に東洋経済新報社）など。

朝日新書
883

人生《じんせい》は図《ず》で考《かんが》える
後半生の時間を最大化する思考法

2022年10月30日第1刷発行

著　者　平井孝志

発行者　三宮博信
カバーデザイン　アンスガー・フォルマー　田嶋佳子
印刷所　凸版印刷株式会社
発行所　朝日新聞出版
〒104-8011　東京都中央区築地5-3-2
電話　03-5541-8832（編集）
　　　03-5540-7793（販売）

Published in Japan by Asahi Shimbun Publications Inc.
ISBN 978-4-02-295192-2
定価はカバーに表示してあります。
落丁・乱丁の場合は弊社業務部(電話03-5540-7800)へご連絡ください。
送料弊社負担にてお取り替えいたします。

JASRAC　出　2206373-201

朝日新書

日本のシン富裕層
なぜ彼らは一代で巨万の富を築けたのか

大森健史

不動産投資、暗号資産、オンラインサロンなど、自らの才覚で巨万の富を手にする人々が続出し、日本の富裕層は近年大きく変化した。2万人以上の富裕層を海外移住サポートし、「シン富裕層」と関わってきた著者だから知る彼らの哲学、新時代の稼ぎ方を大公開！

人生は図で考える
後半生の時間を最大化する思考法

平井孝志

人生の後半は前半の延長にあらず。限りある時間の「配分」と「運用」には戦略的な思考法が何よりも大事。外資系コンサルを経て大学で教鞭を執る著者が、独自で編み出した21のメソッドを図解で紹介。誰でも今日からできる「今、ここ」を生きるための教えが一冊に！

忘れる脳力
脳寿命をのばすにはどんどん忘れなさい

岩立康男

人間は健全な脳を保つため、「積極的に忘れる機能」を持っていた！　最新の脳科学をもとに「記憶と忘却」の正体を解説。脳寿命をのばすメソッドのほか、「忘れたい記憶」を消し「忘れてはいけない記憶」を維持するコツを伝授。驚き満載の〝記憶のトリセツ〟。

よみがえる戦略的思考
ウクライナ戦争で見る「動的体系」

佐藤　優

長期戦となったウクライナ戦争で国際政治は大きく塗り替えられる。「第三次世界大戦に発展させないためにも戦略的思考を取り戻すことが不可欠だ。世界のパワーバランスと日本の生き残り戦略をインテリジェンスの第一人者が説く。